英文法の教え方

開拓社
言語・文化選書
98

英文法の教え方

英語教育と理論言語学の橋渡し

川原功司 著

開拓社

序

　研究が進めば，いろいろな事実が明らかになってきますし，その分析方法も多岐にわたるようになってきます。長い歴史を持つ伝統文法から，現在に至るまで様々な質の高い英文法書が出版されてきました。しかしながら，最近の，とは言ってもここ 30 〜 40 年にわたる言語学の研究成果はあまり英語教育の世界には伝えられてこなかったのが現状であると思われます。

　温故知新。古典に長所は多く，その知見が英語教育でも広く生かされてきました。しかしながら，新しい言語研究の成果がアクセスしやすい形で紹介される機会がこれまであまりなかったのは残念なことです。その理由は，現場で英語を教えている先生方にはなかなか新しい知識のアップデートの機会がないこと，そして理論言語学の主張や議論が難解で初心者にはなかなかアクセスしにくいという事情が大きかったように思われます。

　そこで，本書は理論言語学の事象の中でも英語教育に活かすことができるような事例を集め，そこで議論されている事実を紹介するという形をとってみました。言語研究で得られた知見は，仮にそのままの形で英語学習者に教えるのにはハードルが高くとも，英語を教える立場には役に立つこともあるのではないかと期待しています。また，英語学習を通して，言語の仕組みそのものに興味を持つようになった人たちに対して，言語学の招待状になるような説明を心がけてみました。本書が，英語教育と理論言語学の橋渡しになり，英語という一つの個別言語の分析を通して，ヒト型言語の特性について理解する一助になれば幸いです。それでは，英語という言語の分析が持つ魅力へとご案内しましょう。

目　　次

第1章　基本的な概念に関して

> この章では，アメリカ英語とイギリス英語の違いを通して英語の変異とは何かという問題，名詞の性質，定形性や文とは何かといった基礎的な事項，そして欧米の文法書の視点について考えていきたいと思います。

1.1.　アメリカ英語とイギリス英語の違い

　アメリカ英語とイギリス英語の違いはよく話題になり，同じ英語とはいえ，ずいぶんと違う言葉になっています。

　語彙レベルの話をしてみましょう。イギリス英語（およびヨーロッパ）では，建物の1階を ground floor と呼びます。一方，アメリカ英語では 1st floor と呼びます。なお，1st floor は，イギリス英語では2階の意味になります。他にも，アメリカ英語とイギリス英語で異なる語彙を列挙してみると表 1.1 のようなものがあります（川原 (2019)）。余談ですが，この単語リストの中では，イギリス英語で特に特徴的な単語に queue [kjuː] があると筆者は考えています。綴りが発音から予測されるよりも長く，イギリスでよく使用される単語です。お店でもどこでも，待たないといけないような状況にいれば，イギリス人は Queue? と話しかけてきます。「ここは列ですか」と聞いているのですが，イギリスではほとんどの人が順番をきっちり守るので，横入りをしたりすることがほとんどありません。順番を守るという習慣は，ある種，イギリス人が大切にしている文化なのかもしれません。

　また，ここで紹介している単語では，cookie と biscuit の違いに

驚く大学生はとても多いです。日本語の語感としては，クッキーとビスケットは違う食べ物という認識があるようです。[1]

また，アメリカ英語で市街地のことを downtown というのは，19 世紀のニューヨークで最初に開拓されたのがマンハッタンの南端で，その後，北に向けて（up）開拓されていったために街の中央が downtown と呼ばれるようになったからとも言われています。アメリカの都市開発は碁盤の目になっているのが基本で，中心から外れるほど street と avenue の数が増えていきますから，いきおい street と avenue の数の少ない（down）区画が中心で栄えているという状況になります。こういう状況が，downtown の語源になった可能性はあるでしょう。

また，イギリスでは toilet を普通に使用しますが，アメリカでは toilet は便器そのものを指し，少し下品な語感があります。ですから，bathroom, washroom, rest room, men's room, women's room といったような言い方をしたり，I'll wash my hands. で「トイレに行きます」という意味になったりします。日本語では「お花を摘みに行ってきます」という言い方に近いでしょうか（最近はあまり使いませんが）。

	アメリカ英語	イギリス英語
フライドポテト	French fries	chips
ポテトチップス	chips	crisps
ビスケット，クッキー	cookie	biscuit
茄子	eggplant	aubergine
ズッキーニ	zucchini	courgette
ズボン	pants	trousers
エレベーター	elevator	lift

[1] 実際に，1971 年に制定された「ビスケット類の表示に関する公正競争規約」という基準で区別はされているようです。

歩道	sidewalk	pavement
地下鉄	subway	underground
交差点	intersection	cross roads, junction
高速道路	free way, expressway	motorway
駐車場	car park	parking lot
秋	fall	autumn
アパート	apartment	flat
映画	movie	film
掃除機	vacuum cleaner	hoover
ガソリン	gas	petrol
ボンネット	hood	bonnet
タクシー	cab, taxi	taxi
鉄道	railroad	railway
請求書	check	bill
携帯電話	cell phone	mobile phone
消しゴム	eraser	rubber
行列	line	queue
私立学校	private school	public school
卒業式	commencement	graduation ceremony
サッカー	soccer	football
市街地	downtown	city centre
片道切符	one-way ticket	single ticket
郵便	mail	post
トイレ	bathroom	toilet

表 1.1：アメリカ英語とイギリス英語に見られる語彙の違い

また，強勢の位置が，イギリスの容認発音とアメリカ英語とで違っている場合もあります。以下の表を見て，単語の発音を比べてみてください。太字の部分が強勢を表しています (Crystal (2018: 327))。

アメリカ英語	イギリス英語
address	ad**dress**
adver**tise**ment	ad**ver**tisement
cigarette	ciga**rette**
controversy	con**tro**versy
fron**tier**	**fron**tier
ga**rage**	**ga**rage
inquiry	in**quiry**
laboratory	la**bo**ratory
magazine	maga**zine**
pre**mier**	**prem**ier
princess	prin**cess**
research	re**search**
translate	trans**late**
weekend	week**end**

表 1.2：アメリカ英語とイギリス英語における強勢の違い

助動詞，前置詞，過去形，過去分詞形，冠詞の使用も違うことがあります（川原 (2019)）。また，アメリカ英語では，イギリス英語で現在完了形を使用するような場面でも単純過去形を使う頻度がかなり高くなってきています。

アメリカ英語	イギリス英語
shall はまれ	shall I ~? など多め
on the weekend	**at** the weekend
in **the** hospital	in hospital
different {**from, than**}	different {**from, to**}
gotten（過去分詞形）	got（過去分詞形）
learned（過去形・過去分詞形）	learnt（過去形・過去分詞形）
dreamed（過去形・過去分詞形）	dreamt（過去形・過去分詞形）

表 1.3：アメリカ英語とイギリス英語における機能語の違い

イギリス英語は多種多様ですので，その発音の変異について一言では言えませんが，容認発音を初めとするロンドン近辺から東部や北部イングランド，ウェールズの英語は非 r 音（non-rhotic）発音ということで知られています。語末や子音の前の r を発音しないタイプの方言ですので，beer や hard が [bɪə]，[haːd] と発音されます。この種の r 音の脱落は 250 年ほど前に，ロンドン近辺から北東部へと広がったと考えられており，元々，英語は r を発音していたのでした。r 音発音（rhotic）はスコットランド，[2] アイルランド，南西部イングランドに残っており，標準アメリカ英語（General American）は r 音発音を基本にしています。アメリカ英語は新しく革新的であるとする神話がありますが，r 音を残しているという観点から考えれば保守的なのはアメリカ英語であって，非 r 音発音のイギリス英語のほうが革新的であるという言い方もできます。また，gotten の綴りも元々の形を残しているのはアメリカ英語のほうです。[3]「革新的」「保守的」というのも，言葉に関する評価としては恣意的なものにすぎないということがよくわかります。

---

　[2] しかしながら，最近は非 r 音発音に移行しているという指摘もあり，現在では r 音発音と非 r 音発音が混在しているというのが現状のようです（Meer et al. (2021)）。それだけ，言語というものは変化しやすいということかもしれません。

　[3] ほかにも，アメリカでは or の綴りがイギリスでは our になる（e.g. color vs. colour, neighbor vs. neighbour），アメリカでは er の語尾がイギリスでは re になる（e.g. center vs. centre, liter vs. litre），アメリカでは ze の語尾がイギリスでは se になる（e.g. analyze vs. analyse, organize vs. organise），アメリカでは e だけのところがイギリスでは ae, oe になる（e.g. pediatric vs. paediatric, maneuver vs. manoeuvre），アメリカでは ense のところがイギリスでは ence になる（e.g. defense vs. defence, license vs licence），アメリカでは og のところがイギリスでは ogue になる（e.g. analog vs. analogue, catalog vs. catalogue）といったところが有名です。また，アメリカでは l が一つのところが，イギリスでは ll が重ねられたり（e.g. traveler vs. traveller），逆にアメリカで ll が重ねられるのにイギリスでは l が一つという綴りもあります（e.g. enroll vs. enrol, fulfill vs. fulfil）。

1.1.1. have の違い

　この節では，アメリカ英語とイギリス英語の文法的な差について少しまとめてみます。まず，イギリス英語では本動詞の have の代わりに have got を頻繁に使います。また，ラフな言い方の場合，本動詞の have であっても否定文で do を使わずに haven't という言い方があったり，疑問文の時には助動詞のように主語と語順が入れ替わる例が観察されることもあります。中英語（1066 〜 1500 年頃の英語）まで，英語は本動詞も主語と語順を入れ替えることで疑問文を作っていましたが，現代イギリス英語の一部では本動詞の have の場合にもこの用法が残っていると考えられます。[4]

(1) a.　I've got a terrible pain in my back.

　　　　（腰にひどい痛みがある）

　　b.　I haven't a book. （本を持っていません）

　　c.　Have you any pet? （何かペットを飼っていますか）

　また，アメリカ英語では「take a 名詞」という言い回しになっている表現が，イギリス英語では have が使用されます。ただ，このアメリカ英語の表現はイギリスにも入り，不快だと感じる人もいるようです（Murphy (2018)）。

(2) a.　イギリス：I'm going to have a shower.

　　　　　　　　　（シャワーを浴びてくるよ）

　　b.　アメリカ：I'm going to take a shower. （同上）

　　c.　イギリス：Let's have a break. （休憩しようか）

　　d.　アメリカ：Let's take a break. （同上）

---

　[4] ですから，中英語までは，Come you? といった疑問文や，I come not. といった形の否定文が普通でした。do を使用して疑問文や否定文が使用されるようになってきたのは 16 世紀から 18 世紀にかけてのことで，この種の do を迂言的 do (do-periphrasis) と呼ぶことがあります。

1.1.2. サラダ・サラダ重複

　対照重複（contrastive reduplication）という現象があり，口語の英語で以下のような重複が見られることがあります（Ghomeshi et al.（2004））。これによって，意味の範囲がより特定的・典型的なものになります。たとえば，SALAD-salad は一般的なサラダではなくグリーンサラダであるとか，AUCKLAND-Auckland は他の同じ名前のオークランドではなくて，ニュージーランドのオークランドであるということを示しています。

(3) a. I'll make the tuna salad, and you make the SALAD-salad.
      （私はツナサラダを作りますが，あなたはグリーンサラダを作るんですね）

  b. That's not AUCKLAND-Auckland, is it?
      （あれはいわゆるあのオークランドではないですよね）

  c. Aye you LEAVING-leaving?
      （本当に出て行くの，それともちょっと出て行くだけ）

  d. Lily: You have to get up. （起きないとだめですよ）
      Rick: I am up. （起きてるよ）
      Lilly: I mean UP-up.
      （本当にちゃんと起きてって言ってるのよ）

  e. It might have been me, but it wasn't ME-me.
      （それは私だったかもしれないけど，本当に私らしい私ではなかった）

この種の対照重複は日本語でも見られ，「お嬢様お嬢様している」「惚れ惚れする」などといった発言が観察されます。なお，Ghomeshi et al.（2004）は，日本語の「お／ま・」という接頭辞が同種の機能を果たしていると指摘していますが（e.g. 北→真北（まきた），前→真ん前，鯵→真鯵（マアジ）），「お／ま・」が果たしている機能は「本当に，正確に，ちょうど」という意味の強調，ないしは誤

解を防ぐための音声上の工夫で，対照重複が表すことが多い典型例
という用法は不可能なような気がします。なお，対照重複は世界中
の英語で観察されるようですが，特に北米で顕著な現象のようで
す。

1.1.3. 二重目的語構文

（4a）にあるようにイギリス英語では，二重目的語構文の直接目
的語（the book）を受動態の主語として用いることができます。た
だし，（4b）にあるように，同じ意味でも to を用いた与格構文であ
ればイギリス英語でもアメリカ英語でも可能であると考えられてい
ます。また，（4c）にあるように二重目的語構文の間接目的語を
wh 語に変えて（who），wh 疑問文にすることができます。なお，
（4d）にあるように，直接目的語を wh 語に変えて（which book）
wh 疑問文にするのはどちらの英語でも可能です。特に，（4a, c）
はイングランドの西部と北西部で容認可能とする話者が多いようで
す。一方，アメリカ英語では非文法的と判断する話者が多いようで
す（Ura (2000)，Haddican and Holmberg (2012)，Holmberg et al.
(2019)）。

(4) a. The book was given Mary (by John).
     （本がメアリーに与えられた）［イギリス英語では OK，アメリカ
     英語では非文法的］
  b. The book was given to Mary.
     （本がメアリーに与えられた）［どちらの英語でも OK］
  c. Who did you give the book?
     （誰に本をあげたの）［イギリス英語では OK，アメリカ英語では
     非文法的］
  d. Which book did you give John?
     （どの本をジョンにあげたの）［どちらの英語でも OK］

ただし，二重目的語構文を土台にした受動態で，間接目的語が代名

詞であれば，アメリカ英語でも能動態の時の直接目的語が主語になってもよいと判断する話者が多いようです。同じ構造ですが，以下の例は許容されます（Haddican and Holmberg (2012), Holmberg et al. (2019))。

(5) a. The book was given her (by John).
　　　　（本が彼女に与えられた）［どちらの英語でも OK］

　　 b. These letters were sent her (by John).
　　　　（これらの手紙は彼女に送られた）［どちらの英語でも OK］

二重目的語構文における代名詞のふるまいとして興味深いことに，地域によってはイギリス英語話者の多くが間接目的語と直接目的語の語順が入れ替わっても問題ないと感じるという事例があります。なお，普通名詞がある場合に，このような入れ替えは通常は起こりません（Haddican and Holmberg (2012))。[5]

(6) a. She gave it me.（彼女がそれを私にくれた）
　　 b. *She gave the ball me.

　アメリカ英語とイギリス英語の違いではありませんが，二重目的語構文に関連して，いわゆる SVOO 文型を SVO 文型に書き換え

---

[5] ただし，イングランドの西部と北西部の一部の話者に (6b) は容認可能であると判断する話者がいるのは注意したいところです（Haddican and Holmberg (2012))。また，代名詞を使用しているのにもかかわらず，アメリカの言語学者である Goldberg (2019) が (ib) のような言い方をしないと言っているのは興味深いところです。

　(i) a. Explain this to me.（私にこれを説明して）
　　 b. *Explain me this.

一方で，以下のように explain がアメリカ英語の二重目的語構文で使用されることがあるという指摘もあります（久野・高見 (2005))。一筋縄ではいかない問題のようです。

　(ii)　I explained John the situation when he arrived.
　　　　（ジョンが到着した時，彼に状況を説明しました）

る問題について考えていきましょう。理論言語学では，SVOO 文型の二重目的語構文に対応する SVO 文型の方は与格構文と呼ばれてきました。これら書き換え規則の根底にあるのは，両者が同じ意味であるという想定でした。しかし，このアプローチではなぜ以下のような対比が出てくるのか（与格構文が不可能なのか）という説明がつかないという問題がありました。

(7) a. The noise gave Terry a headache.
    （その騒音でテリーは頭痛がした）
  b. *The noise gave a headache to Terry.

　一方で，形式が違えば意味が違うという観点から，両者はほぼ同じ意味だが異なる点があるという見解も提案されてきました。代表的なのは Goldberg (1995) で，与格構文は，行為者が話題となるものを経路に沿って動かして到達点に到達させる移動表現であり，to + 名詞句はその到達点を明示的にするものであるという分析でした。この分析では，ものの移動は to + 名詞句が具現化される与格構文によって表され，もの・知識などの譲渡は二重目的語構文によって表されるということになります。

　しかしながら，Rappaport Hovav and Levin (2008) が指摘するように to + 名詞句が場所概念であるとするならば，なぜ throw や send では場所概念を where に置き換えた疑問文で使えるのに，give では不可能なのかという説明がつかなくなります。これは，to 句が give と共に使用されている場合には所有者という到達点，throw と send では空間的な到達点を表すという特徴があることを示しています。つまり，動詞によって to 句の役割が異なっているわけです。

(8) a. *Where did you give the ball?
  b. Where did you throw the ball?（どこにボールを投げたの）
     To third base.（3 塁にだよ）

   c.　Where did you send the bicycle?（どこに自転車を送ったの）
     To Rome.（ローマにだよ）

また，give を使った与格構文の場合には，to の目的語が生き物で
ないといけないという制約があります。(9a) では，London がメ
トニミーとして「ロンドンの人，ロンドンにいる人」という意味で
のみ容認可能です。[6] このような制約は throw や send にはありま
せん。

(9) a.　I gave the package to {Maria, #London}.
     （荷物を {マリア，ロンドン} の所に送った）
  b.　I sent the package to {Maria, London}.
     （荷物を {マリア，ロンドン} に送った）
  c.　I threw the ball to {Maria, the other side of the field}.
     （ボールを {マリア，フィールドの反対側} に投げた）

ほかに二重目的語構文と与格構文の意味が異なると考えられてきた
事例として，結果状態に関する意味があります。たとえば，以下の
例では，二重目的語構文の場合には花子が英語を身につけたという
意味がありますが，与格構文の場合には必ずしもそうだということ
はなく，やっぱり身につかなかったという状況でも使用可能になる
という指摘がありました。

(10) a.　Mary taught Hanako English.
     （メアリーは花子に英語を教えた）
   b.　Mary taught English to Hanako.（同上）

しかし，Rappaport Hovav and Levin（2008）が指摘するように，
この種の結果状態に関する意味は二重目的語構文か与格構文なのか

---

  [6] # は言語学の慣習で，文法的ではあるものの，意味論的・語用論的に不自然
な文につけられる記号です。

が問題ではなく，動詞の種類によるところが大きいのです。まず，give では構文タイプにかかわらず，必ずもの・知識などの譲渡という意味が含まれます。ですから，以下の文は不自然になります。

(11) a. #My aunt gave my brother some money for new skis, but he never got it.

　　 b. #My aunt gave some money to my brother for new skis, but he never got it.

teach や kick に関しては，二重目的語構文であっても最終的な結果状態を必ずしも意味するわけではありませんから，この種の結果状態は語用論的な推意であると言えます。つまり，(10) のコントラストが必然的なものであるというのも疑わしいということになります。

(12) a. I taught them English for an entire year, but they don't seem to have learned a thing.
　　　　 （彼らに 1 年丸々英語を教えたけれど，彼らは何も身につけなかったようだ）

　　 b. I kicked him the ball, but the wind blew it astray.
　　　　 （彼に向かってボールを蹴ったけれど，風が脇に飛ばしてしまった）

send に関しても同じです。二重目的語構文であろうが，与格構文であろうが，結果状態に関する推意は絶対的なものではありません。

(13) a. Lewis sent Sam a bicycle, but it never arrived.
　　　　 （ルイスはサムに自転車を送ったけれど，到着しなかった）

　　 b. Lewis sent a bicycle to Sam, but it never arrived. （同上）

というわけで，Rappaport Hovav and Levin (2008) によれば，give, lend, pass, sell, offer, promise, tell, show, ask, allocate, allow, grant, teach のような動詞は与格構文でも二重目的語構文でももの・知識などの譲渡を表し，throw, bring, send, take, kick, bring, email, telephone のような動詞は，二重目的語構文の場合にはもの・知識などの譲渡を表し，与格構文の場合にはもの・知識などの譲渡のほかに，ものの移動を表すという特徴があります。ものの移動の場合，必ずしももの・知識などの譲渡が含まれているとは限りません。ものが送られても，相手先に届かないことがありうるからです。つまり，動詞が表す出来事によって，推意もいろいろと変わるということです。なお，二重目的語構文の場合でも teach が必ずしも結果状態を意味するわけではないと（12a）で指摘しました。少し難しいのですが，ここでは結果状態の遂行ではなく，漸進加増的な変化の推意，つまりちょっとした変化を表しています。つまり，「教える」ことによって当該の事項を教え終わり，学習者が全てを身につけたというわけではなく，教えた結果，少しだけだが変化があったという推意が表されているのです。他にも以下の例では，アルファベットを教えた結果，r までを覚えた（最後までいかなかった）というちょっとした教育の成果が表されています。漸進加増性と相に関する 4.4 節の話も参考にしてみてください。

(14) Sandy taught the children the alphabet, but only got as far as the letter 'r'.

（サンディは子供たちにアルファベットを教えたけれど，r までしかできなかった）

1.1.4. 複文の特徴

埋め込み文，学校英文法で以下の例は間接疑問文とも呼ばれますが，イギリス英語で埋め込み文を使う場合に主語と助動詞の倒置が起こることがあります。

(15) a. I wondered [**how** did they get into the building].

(どうやって彼らは建物の中に入ったのだろう）［アイルランド英語］ (McCloskey (2006))

b. They said [**what** did we want to be].

（彼らは私たちが何になりたいか言った）［南西イングランド英語］ (Woods (2016))

c. I know Richard Wigglesworth says [**what** the hell do I know about rugby]. (リチャード・ウィグルスワースが、いったいどうして私がラグビーの何を知っているのかと言っていることを知っています）［南イングランド英語］ (Woods (2016))

また、ベルファスト英語では、埋め込み節の中で that が疑問詞と共に使用されることもあります (Radford (2009))。

(16) a. I wonder [**which dish** that they picked].

（彼らはどのお皿をとったのだろう）

b. They didn't know [**which model** that we had discussed].

（彼らは私たちがどのモデルについて話していたのか知らなかった）

ベルファスト英語では、wh 語が文頭まで移動した場合には、埋め込み節内で助動詞が移動することがあります (Henry (1995))。

(17) a. **Who** did hc hope [would he see]?

（彼は誰に会いたいと思っていたのだろう）

b. **What** did Mary claim [did thcy steal]?

（メアリーは彼らが何を盗ったと言っていたのだろう）

ベルファスト英語では、間接疑問文が従属節であることを that の存在、ないしは主語と助動詞の倒置で示しているため、そのどちらかが存在すればよいと考えられています。つまり、that が従属節内にあるのに、主語と助動詞の倒置は起こりません。主語と助動詞を

倒置させることで，従属接続詞と同じ働きをすることができるわけ
です (ibid.)。

(18) a. *I wonder [**which dish** that did they picked].
   b. *They didn't know [**which model** that had we had dis-
      cussed].

というわけで，学校英文法で教えている，間接疑問文では主語と助
動詞の倒置が起こらない，つまり平叙文と同じ語順であるというの
も絶対的な規則ではないということがわかります。

1.1.5.　集合名詞の呼応 (主語と動詞の一致)

　大学入試の英文法問題で出題例がありますが，集合名詞が一つの
団体，かたまりで解釈されている場合には単数形，成員 1 人 1 人
が意識されている文脈では複数形で呼応するという話を聞いたこと
はないでしょうか。[7] 実は，集合名詞の解釈で呼応が変わるのはイ
ギリス英語の特徴で，アメリカ英語では基本的に単数形のみで呼応
するという特徴があります (Corbett (2006))。なお，BBC ラジオの
ニュースでは，集合名詞は複数形で呼応するものとするポリシーを
発表しています。また，Bock et al. (2006) によれば，アメリカの
スタイルブックでは，class, committee, crowd, family, group,
herd, jury, orchestra, team といったユニットを表す名詞は単数
形で呼応するという記述があるようです。実際の用例としては，以
下のようなものがあります (ibid.)。

---

　[7] ですから，チームのメンバー (たち) がミーティング中だと言う場合には
The team are in a meeting.，チームという単独のかたまりとして捉えられる場
合には The team is in a meeting. という言い方になります。また，アメリカ英
語では複数名詞で使用されるものが，イギリス英語では質量名詞として単数形で
使用されるものもあります (e.g. accommodations vs. accommodation)。

16

(19)　family

   a.　アメリカ：I think my family **was** pretty open-minded about different kinds of people.（私の家族は，さまざまな人たちに対してとてもオープンな人たちだと思います）

   b.　イギリス：I don't think the Royal Family **are** really known for their intelligence.（皇室の人たちが，本当にその知性によって知られているわけではないと思います）

(20)　government

   a.　アメリカ：The government of the Dominican Republic **has** reluctantly made some improvements.（ドミニカ共和国はしぶしぶながらもいくつかの改善を行いました）

   b.　イギリス：I understand the pressure that the Israeli government **are** under.（イスラエル政府がさらされている圧力については理解できる）

(21)　air traffic control

   a.　アメリカ：Air traffic control**'s** got us holding.（航空交通管制に捕まっています）

   b.　イギリス：Air traffic control **have** now given us permission to land.（航空交通管制から着陸の許可が下りました）

(22)　community

   a.　アメリカ：ensuring that our community [Santa Monica] **does** not respond to our financial crisis（私たちのコミュニティが財政危機に反応しないようにすること）

   b.　イギリス：The British community **do** not ...（イギリスのコミュニティは）

(23)　party

   a.　アメリカ：The party of a man on trial **wins** the most seats in Parliament.（裁判中の人物の政党が国会で最多議席を獲得する）

   b.　イギリス：It's clear that this is the reaction of an em-

battled Tory party that **believe it's** going to lose. (これは
自分たちの敗北を確信し，窮地に陥ったトーリー党の反応である
ことは明らかである)

(24)　management

a.　アメリカ：Management **is** not responsible for the street
team. (経営陣はストリートチームに対して責任を負っていませ
ん)

b.　イギリス：The management **are** not responsible. (経営
陣には責任能力がありません)

(25)　bakery

a.　アメリカ：Our bakery **takes** full advantage of … (私た
ちのベーカリーは利点を最大限に活かし)

b.　イギリス：Our bakery **continue** to deliver fresh hand
made bread. (私たちのベーカリーは，新鮮な手作りのパンを提
供し続けます)

(26)　sports teams

a.　アメリカ：The Heat **beats** the Jazz. (ヒートがジャズに勝
利する)

b.　イギリス：Manchester United **have** completed the sign-
ing of a Chinese player. (マンチェスターユナイテッドが，中
国人選手との契約を完了した)

集合名詞の呼応に限らず，イギリス英語の呼応は変異が多いことで
有名です。たとえば，スコットランドのアバディーンの英語では，
1 人称複数代名詞に対して単数と複数の呼応，2 人称の代名詞に対
してそれぞれ単数と複数の呼応が観察されるということが指摘され
ています (Adger (2006))。[8]

---

[8] 1 行目がアバディーンの英語，2 行目が gloss で対応する標準英語の説明，3
行目が日本語訳になっています。

(27) a. Aye, I thoucht **you was** a scuba diver.

Yes, I thought you were a scuba diver.

(はい，あなたがスキューバダイビングをしていると思っていました)

b. We played on 'at beach til **we was** tired, sailin boaties, bilin whelks.

We played on that beach until we were tired, sailing boats, boiling whelks.

(飽きるまでビーチで遊び，ボートを出し，エゾバイを茹でた)

c. **You ones** was a wee bitty older and you treated her just a right.

You (plural) were a little older and you treated her just fine.

(少し年上で，彼女を適当にあしらっていたんですね)

この種の呼応の変異はスコットランド英語特有の事情ではなく，イングランドでも実に様々な呼応が存在しています。二人称の代名詞に対して単数，三人称単数の代名詞に対して複数，三人称複数の代名詞に対して単数の呼応といったもので，大英図書館 (The British Library) の学芸員である Jonnie Robinson が実際の用例を集めてきており，その発音を聞くこともできます (https://www. bl.uk/british-accents-and-dialects/articles/grammatical-variation-across-the-uk)。

　こういった言語変化は，規範的な観点からは「言葉の乱れ」と解釈されることも多いですが，英語は使用者も多く，現にそれを使用して生活している人たちがさまざまおり，国際英語としての立場を考えれば，その変異は英語の一つ (an English) として認めていくべきものでしょう。教室の中では難しいですが，決して間違いとして排除すべきものではないと考えます。実際，Svartvik and Leech (2016) が土着的文法 (vernacular grammar) と呼んでいますが，

イギリスだけではなくアメリカやオセアニアでも以下のような英語の変異が観察されています。いろいろな英語の存在を認めていくことが，これからの英語教育に必要なのではないかと思われます。

(28) a.　ain't が have や be の現在形の否定形として使用されることがある。たとえば，I'm not leaving. の代わりに，I ain't leaving. と言ったり，He hasn't done it. の代わりに He ain't done it. と言ったりすることがある。

　　 b.　規範的には -s がつかないような状況で -s が使用されたりする。そのため，I says not., Whatever they wants they gets. というような言い方が存在する。

　　 c.　b の逆もあり，-s が出てくるべき場面で出てこないこともある。

　　　　　She don't have no manners. など。

　　 d.　過去形が過去分詞形の代用をしたりする。それで，My arm is broken. の代わりに，My arm is broke. と言ったりする。

　　 e.　what が関係節や比較節で使用され，She's got the book what I had last week. や It's harder than what you think. という言い方が存在する。

　　 f.　them を those の代わりに使用し，Did you post all them letters on Monday? と言ったりする。

アメリカ英語とイギリス英語

・綴り，語彙，発音，統辞法と文法のあらゆる分野でアメリカ英語とイギリス英語には違うところがある。

・世界中には様々な英語があり，さらに母語話者以外の英語の使用者も多数おり，*the English* と呼べるような存在はなく，個々それぞれの英語の在り方を尊重していく必要がある。

1.2. 冠詞と名詞

　冠詞は名詞と関連して，名詞句の始まりを示す働きをしています。そして，冠詞と名詞にはさまれた要素は（内部構造はともかく），直後の名詞を修飾するのが基本です。[9]

---

　[9]「内部構造」と書きましたが，… の部分の構成は very tall であれば「副詞＋形容詞」の形容詞句という形になっていますが，以下のように spring という名詞が conference を修飾する語で，形容詞の medical に先行し，名詞を修飾する語句が複数並ぶこともありえます (Leech and Svartvik (2002))。

(i) We always attend the **spring medical** conference.
　（いつも春の医学学会に参加しています）

spring という普通名詞が修飾語になっているところに，さらに固有名詞が先行することもあります (ibid.)。

(ii) We always attend the **American spring medical** conference.
　（いつもアメリカの春の医学学会に参加しています）

形容詞には並び順があり，色，年齢，大きさを表す形容詞が他の形容詞の前にこられます (ibid.)。

(iii) a. **deep-red** oriental carpets（深紅の東洋のカーペット）
　　 b. a **young** physics student（若い物理学の学生）
　　 c. a **large** lecture hall（大きなレクチャーホール）

さらに他の修飾語が並ぶこともあります (ibid.)。

(iv) a. **expensive** deep-red oriental carpets（高い深紅の東洋のカーペット）
　　 b. a **very**, **very** young physics student
　　　（とてもとても若い物理学の学生）
　　 c. a large **enough** lecture hall（十分大きなレクチャーホール）

Aarts (2011) によれば，評価に関わるものが，特性に先行する傾向があり，「評価‐特性‐年齢‐色‐起源‐生産‐タイプ」の順になるということです。

(v) a. this excellent fresh food（このすばらしい新鮮な食べ物）
　　 b. his ugly thick red socks（彼の醜く厚い赤いソックス）
　　 c. the big old brown cotton hat（大きく古い茶色のコットンのハット）
　　 d. a practical old French leather suitcase
　　　（実用的で古いフランス製の皮のスーツケース）

(29) 冠詞 … 名詞： … の要素は名詞を修飾する。e.g. the very
    tall girl（とても背の高い女の子）

これ自体はもちろん，基本事項です。ここからが理論言語学の見解
ですが，冠詞は決定詞ないしは限定詞（determiner）と呼ばれるこ
ともあります。この用語は不定冠詞と定冠詞，さらには（代）名詞
の所有格や量化詞をひっくるめた語の総称です（e.g. this, that,
some, any, few, one, two など）。

(30) 決定詞として扱われるもの
    a. 冠詞：a(n), the
    b. 指示詞：this, that など
    c. 数詞：one, two など
    d. 量化詞：all, both, some, any, either, no, neither,
       each, every, many, most など

これらは，一つの名詞につき，一つだけつくことがあるという性質
があり，ふるまいが同じなのでまとめられるようになってきまし
た。the があるのに his は使わないですし，his があるのに a は使
わないといった案配です。というわけで，名詞句のまとめとしては
(31) のほうが適切かもしれません。また，決定詞の後に形容詞が
つく構造になると冠詞は忘れられがちです。特に，writing などで
は注意が必要です。名詞句のまとまりに気をつけ，アウトプットの
指導の際には，学習者に名詞句のまとまりに注目させ，注意を促し
たいところです。

(31) 決定詞 … 名詞

ところで，英語の名詞には数えられる可算名詞というものと，数え
られない不可算名詞があります。名詞の中にはもっぱら可算名詞で
使うものもあれば，不可算名詞で使用されるものもあります。しか
し，どちらでも使用できる名詞も多くあります。

　使い分けの目安はあるのでしょうか。基本的には外郭が想像でき，1単位ずつで数えられるものが可算名詞，量で計測し，特定の形状を想像できない場合には不可算名詞で使用します。ですから，リンゴ一つ一つは数えられますので可算名詞として扱われますが，それを切ってスライスすると（e.g. a slice of apple（リンゴ1切れ））外郭がなくなり，特定の形が分からなくなり，不可算名詞になります。さらに，以下の事例で考えてみましょう。

(32) a.　I had a lobster yesterday.

　　　　（昨日，ロブスターを丸々1匹食べました）

　　b.　I had lobster yesterday.

　　　　（昨日，ロブスター（の身）を食べました）

ロブスターを丸々1匹というのは外郭があり，数えられますから可算名詞ということになります。一方でロブスターの身は特定の形状があるわけでも，数えることができるわけでもありませんから，不可算の質量名詞（mass noun）として扱われることになります。同じ理由で，I had chicken yesterday.（昨日，鶏肉を食べました）は一般的ですが，I had a chicken yesterday.（昨日，鶏を1匹丸々食べました）は凄い食欲の人ということになってしまいます。他にも eat a horse（たくさん食べる）というイディオムがありますが，これはその気になれば馬1頭食べられそうなくらいという誇張表現が基礎になっているわけです。この表現は300年以上前からありますが，当時は馬は常食とされておらず（現在でも馬を食べる地域は限られていますが），飢餓の時など限られた時に食べたことがあるという記録があるのみです。普段食べるわけではない馬の肉，しかも大きな馬を1頭食べようと思えば食べられるくらいお腹が空いているということで，I could eat a horse. という言い回しがよく使われます。「その気になれば，馬1頭食べられそうなくらいお腹が空いたよ」という感じでしょうか。なお，eat like a horse にも同

様の意味があり，こちらも長く使用されています。[10]

　また，センター試験時代の文法問題で出題されていましたが，Look! You have egg on your tie.（見て！ネクタイに卵がついているよ）は自然ですが，Look! You have **an** egg on your tie. は少し変な状況になります。不可算名詞の egg は，卵料理だったものの一部がネクタイにくっついているという状況ですが，an egg では卵が1個丸々ネクタイについているという想像しにくい状況になってしまいます（ゆで卵に強力な接着剤でもつければ不可能ではありませんが …）。

　可算名詞と不可算名詞の区別はだいたいこういったところです。ところで，少し興味深い状況について考えてみましょう。coffee は液体なので数えることができず，普通は「基数詞[11] cup(s) of coffee」といった言い方をするのが基本です。つまり，「コーヒーを3杯ください」を英語に直すと Please give us three cups of coffee. というのが正当な英語ということになります。しかし，実際にコーヒーを注文するような場面では，Three coffees please. といったような言い方を耳にすることがよくあります。これはコーヒーショップで，コーヒーが容器に入ったものを想像していることから，可算名詞化している状況であると考えられます。つまり，液体としてのコーヒーではなく，カップに入ったコーヒーを外郭のあるものとして捉えていることの反映であると考えられるわけです。このように，不可算名詞は cups や three pieces of furniture（三つの家具），three kilos of oil（3キロのオイル）の piece や kilo といった分量を表す名詞を用いて数量を表しますが，決定詞には可算名詞のみにつくもの，不可算名詞にのみつくもの，どちらでもよいものがあります（Rothstein (2017)）。

---

[10] なお，eat like a bird には「小食です」という意味があります。

[11] 数量を表す one, two といった数詞のことです。一方，順序を表す数詞は序数詞で first, second などのことです。

(33) a.　可算のみ：{a, each, every} book, {few, several, many} books, {#every, #several} furniture

　　　 b.　不可算のみ：{little, much} water, {#little, #much} book(s)

　　　 c.　両方可：{a lot of, plenty of} {books, wine}

　　　 d.　両方可：{the, some} {book(s), water}

可算名詞と不可算名詞の区別が，認識上の数や量と一致していることは多いのですが，違うこともあります。代表的な例が furniture で，一応は，特定の形状が決定できず，椅子や机や本棚など家具の種類を表しているから不可算名詞であると説明されることが多いです。英語ではほかにも change, equipment, footwear, jewellery, literature が不可算名詞として使用されるのにもかかわらず，物体としては可算名詞のように感じられるものです。これら，文法的には不可算名詞でありながら，認識としては数えられそうな名詞には分散読みを強制するような形容詞がつくと，その一つ一つの構成要素に修飾がかかることになります。たとえば，以下の例では big が furniture の一つ一つを修飾し，分散的に一つ一つの家具が大きいという意味で捉えられることになります (ibid.)。

(34) a.　The furniture in our house is big.
　　　　　　（私たちの家の家具は（一つ一つが）大きい）

　　　 b.　Please carry the big furniture downstairs first.
　　　　　　（大きな家具（の一つ一つ）を最初に下の階に運んでください）

big がつくことによるこのような現象は，mud のような認識的にも文法的にも不可算である質量名詞に対しては観察されません。単純に非文法的か，容認されないと判断されることになります。以下では，books が可算複数名詞ですから本の 1 冊 1 冊が大きいという意味で使用されていますが，泥の一つ一つが大きいという解釈は得られないというわけです (ibid.)。

(35) a.　The books on the table are big.

　　　　　（テーブルの上の本は大きい）

　　b.　#The mud on that floor is big.

big や heavy といった形容詞は，可算名詞と一つ一つの構成要素を認識できる不可算名詞への叙述表現の場合，分散的に「一つ一つが大きい，重い」という意味も，全体を集合的にまとめて「大きい，重い」という意味も持ちえます。つまり，furniture や footwear といった不可算名詞は，book のような外郭を持つ可算名詞と同様の認識の仕方がありえることになります。しかし，mud のような質量名詞でその一つ一つの物体を認識できない場合には集合的な解釈しかなく，泥の一つ一つが大きいという分散的な解釈はないということになります (ibid.)。

(36) a.　The furniture is heavy.

　　　　　（家具（の一つ一つ）が重い，家具（全体）が重い）

　　b.　The books are heavy.

　　　　　（本（の 1 冊 1 冊）が重い，本（全体）が重い）

　　c.　The mud is heavy.（泥（のまとまり）が重い）

不可算名詞はバラバラにされた個別のものも，それらを組み合わせたものも同じものとして認識できるという性質があります。つまり，量の多少にかかわらずその存在が認識できるものです。仮にバラバラにしても，細胞分裂を繰り返している微生物のように，その一部一部を元のものと同じものとして認識できますし，足したものも同じものとして認識できます。一方，可算名詞は一つ一つを数の単位で認識できますが，その外郭を壊すことはできません。たとえば，泥とは違って 1 冊の本をビリビリに破いてしまっては，その破片をもはや本とは認識できなくなってしまうのです。

26

book は可算名詞で輪郭があるので，破けば book ではなくなります。しかし，液体としての不可算名詞の coffee はコップにしっかり入っているのも coffee ですし，こぼれてしまっても coffee であることに変わりはありません。どこをとっても coffee は coffee です。

　Chierchia（1998, 2010）は，単数可算名詞が物体の一つの集合，複数可算名詞が単数可算名詞の集合の和，質量名詞は語彙的に複数で何が一つの物体として認識されるかにおいて不明確であると言っています。たとえば，単数形の carpet は任意のカーペットの一つ一つ，carpets はそれらの和（二つ以上であればよい），carpeting は carpet と同じものを指し，その境界線，すなわち一つ一つを決める輪郭が不明確であると主張しました。また，carpeting は最初から語彙的にかたまりとして認識されるために，複数の carpets と同様の意味を持つとされました。この見解では，典型的な不可算名詞である mud や water は語彙的にも認識的にも一つ一つの輪郭が見えず，最小限の単位の境界線が認識できないものとされました。しかし，carpeting や furniture などは不可算名詞であるという文法的制約から，ひとまとまりの単位で言語的には処理されるものの，認識的には可算名詞と同様に構成要素が認識できることがあるとされました。[12]

---

　[12] そのため，Chierchia は carpeting や furniture を fake mass noun と呼んでいます。なお，言語表現は必ずしも認識の在り方をそのまま反映しているのではなく，言語特有の事情の制約に従っており，必ずしも現実と一対一の対応関係に

　質量名詞は複数の意味を含むことがありますから，(37a) のように furniture が table と chair の二つを含み，複数の are で呼応することには問題がありません。ただ，furniture はひとまとまりとしても捉えられますので，(37b) のように単数の that (＝this table and that chair) で受けることも可能です。

(37) a.　This table and that chair are furniture.
　　　　　（このテーブルとあの椅子は家具だ）
　　 b.　That is furniture. （あれは家具だ）

また，部分格を使用した most of the の後ろにこられる名詞は，複数名詞か質量名詞に限られます。この平行性も，質量名詞が複数の意味を持つ証左になると考えられます。

(38) a.　most of the boys （少年の大半）
　　 b.　most of the water （水の大半）

不可算名詞が可算名詞のように認識されることがあるのとは逆に，可算名詞で使用されることが多い名詞が不可算名詞で使用される例も観察されます。柔軟な名詞句と呼ばれるもので，(39) の rabbit に輪郭がなく，数えられなくなってしまうと物質としての一つ一つ，つまり肉としてのウサギと認識されるという事例です。

(39)　There is rabbit in the soup.
　　　　　（スープにウサギ（の肉）があります）

なっているわけではありません（言語相対論と呼ばれる議論で有名です）。たとえば，色彩語句が貧弱な言語話者であっても様々な色は認識できますし，豊富な言語話者も然りです。ただ，自分の言葉にカテゴリー分けを可能とする語彙がある場合，無理矢理そのカテゴリーに分別する傾向などがあるようです。詳しくは，今井 (2010) が読みやすいので参考にしてください。

というわけで，冠詞類と呼んでもよい決定詞と，可算名詞・不可算名詞に関する話でした。不可算名詞は形状や大きさによらず認識のありかたは基本的に変わらないのに，可算名詞は一つ一つの単位に外郭があるという捉え方は，そのまま動詞句が表す出来事を解釈する時にも役に立ちます。4.2 節の相についてを読む時に思い出してください。

決定詞と可算名詞・不可算名詞
・決定詞とは冠詞類のことで，名詞句の範囲を定める働きがある。また，名詞一つにつき，一つしか使用できない。
・可算名詞は外郭があり，一つ一つが数えられるもの。不可算名詞は最小限の構成要素というものがなく，そのまま数えるのが困難なもの。

1.3. 定形性

定形性（finiteness）という概念は欧米の英語文法書では多くの記載がありますが，日本の学校英文法ではなじみがない人も多いと思われますので，ここで基礎をまとめておきましょう。

定形動詞は主語の人称や数によって形が変化する動詞で，非定形動詞（つまり，屈折形態素[13]のつかない動詞）はこれらによる制限を受けない動詞です。-s がついたり，過去形になっている場合は定形動詞で，-ing がついたり，過去分詞になっている場合は非定形動詞です。詳細をまとめると，表 1.4 のようになります。

---

[13] 3 単現の -s や過去形の -ed など，文法関係に基づいて語基につく形態素のことです。一方，品詞を変えたり，意味を加えたりするような形態素は派生形態素と呼ばれます。

形式	特徴	例
原形	形態素がついていない。 現在形の文，法助動詞や do の後， 不定詞の to の後といった環境で使 用される。	Children *play* together. They can *play*. I want to *play*.
·s	現在形で三人称・単数の主語に 一致する。	Mike *plays* baseball.
過去形	·ed で過去形を表す。 不規則活用あり。	Mike *played* baseball.
·ing	現在分詞として助動詞の be につく， 動名詞として使用される。	Mike is *playing* baseball. *Playing* baseball is fun.
過去分詞形	助動詞 be につき，受動態になる。 助動詞 have につき，完了形になる。	Football is *played* there. I have never *played* baseball.

表 1.4：英語の動詞

　定形動詞は独立した節でそのまま使用でき，非定形動詞はそのままでは使用できません。不定詞は活用のない形の動詞という意味であり，原形不定詞は（40）にある通り助動詞の直後や使役動詞・知覚動詞の後ろで使用されます。

(40) a.　I can come.（私は来られますよ）

　　 b.　This medicine made me feel better.

　　　　（この薬のおかげで，気分がよくなりました）

　　 c.　I saw him dance.（彼が踊るのを見た）

一方，full infinitive と呼ばれる to 不定詞のかたまりを形成する to は，古英語の頃は前置詞の to で，その後ろには格変化が起こった動詞や名詞がくることがありました。その後，中英語の頃に接尾辞が水平化したため，不定詞のマーカーとなって現在に至っているものと考えられます。特に，to 不定詞のかたまりは「まだ行われていないこと」，「未来のこと」を表現することが多いですが，この種

の意味は到達点を示す前置詞 to 由来のものであると考えられます。

　定形性は動詞に関する概念であると同時に，節[14]に関する概念でもあります。なぜなら，動詞そのものは非定形であっても，助動詞がつけば述語動詞のかたまりとなり，定形節を支えることができるからです。

(41) a.　They **praised** me.（彼らは私を褒めた）：praised が定形で，節自体も定形節

　　 b.　They did **praise** me.（彼らは私を褒めた）：praise は非定形だが，節自体は定形節

ただし，非定形節では非定形の動詞のみが使用されることになります。以下では，下線部の非定形節において，動詞の praise, go はともに非定形です。

(42) a.　She expected <u>them to praise me</u>.

　　　　（彼女は彼らが私を褒めると思っていた）

　　 b.　She made <u>me go there</u>.（彼女は私にそこに行かせた）

英語教育の場では，まずは主節の主語と述語を見つけることが肝要と教えることが多いのではないでしょうか。ですから，時制情報が含まれるか，助動詞がついている動詞が述語動詞の特徴であると想定して指導を進めていくことができそうです。[15] 要するに，学校英文法で「節」と呼ばれるかたまりが定形節で，準動詞句など「句」と呼ばれるかたまりの一部が非定形節であると考えて間違いはありません。節に関する詳しい話は，3.1 節も参照してください。

---

[14] 学校英文法では，主節，従属節を「節」として扱いますが，欧米の文法書や言語学では準動詞句も節として扱います。詳しくは，3.1 節で扱います。

[15] 厳密に言えば助動詞は時制を持っていますから，「時制情報が含まれている動詞」という一言ですみます。これに加えて，仮定法，命令法で使用されている節も定形節であると言えます。法に関しては，4.1 節も参照してください。

定形性

・定型の節とは，要するに時制情報を含む述語を含む節のことを
いう。また，命令法や仮定法で使用されている節も定形節と呼
べる。準動詞句も欧米の文法書では「節」と呼ばれるが，非定
形節という扱いになる。

・動詞に関する定形性とは，動詞の形態構造に関わる話である。

1.4.　文って何？

そもそも文（sentence）とは何なのでしょうか。この用語はかな
り混乱を招くものなので，整理しておきましょう。

以下の日本語で考えてみましょう。これらはすべて「花瓶を割っ
てしまった」という状況で発せられる可能性のある発話です。

(43) a.　あちゃー。[16]

　　　b.　やっちゃった。

　　　c.　私は手を滑らせて花瓶を割ってしまった。

直感的に (43c) は間違いなく「文」と呼べそうですが，(43a) はど
うでしょうか。そして，(43b) はその中間辺りにありそうな感じが
します。

中学・高校の国語の授業では，文とは「一つのまとまった意味や
考えが表された言葉のつらなり」であると教えられます。その観点
で見れば，(43a) は (43c) と同じ状況で同じ意図を伝えることが
できるので，文だと見なすことができるかもしれません。

これは，発話の意味という観点から「文」を捉えてしまったこと
により，起こされた混乱であると考えられます。意味だけに基づい
て「文とは何か」を定義しようとすると無理があるのです。

---

[16] この種の感覚的な表現が示す独特な特性については，Gutzmann (2019) を
参照してください。

　しかし，構造という観点から考えれば，文は「形態素 ≤ 語 ≤ 句 ≤ 節 ≤ 文」という階層関係にもとづくかたまりであると考えられます。つまり，形態素がそれ以上小さく分解できない文法的・語彙的に意味や役割をもつ最小単位で単独では生起できない語の一部，語が意味や役割をもち単独で扱われる可能性のある最小単位，句が 2 語以上のまとまりで特定の意味や役割をもつもの，節が主語と述語を含むまとまりで特定の意味や役割をもつもの，文は主語と述語を含む一番大きなまとまりのことをいいます。

　基本的にはこれでいいのですが，もちろんこの階層関係は時にややこしくなってしまいます。

　たとえば，dis-，en-，mini-，-able などは形態素で，他の語の中心になる要素（つまり語基）につかないといけない接辞と考えられますが，単語になることもあります。たとえば，minibus（小型バス）では mini- は明らかに形態素ですが，She likes mini.（彼女はミニスカートが好きです）と単語として扱われることもあります。ただ，形態素と単語の境界はわりにはっきりしているほうです。

　混乱が起こるのが句と節で，句は単純にまとまりのことをいっていますから，時に節を含んで「句」と呼んでいる人もいます。体感でいえば，学校英文法では句と節は厳密に区別されていますが，欧米の文法書では混同されていますし，言語学では節は句の特殊なケース，つまり句の一部である下位範疇と見なすのが一般的だと思われます。ですから，以下の（44a）では that he is kind を主語と述語を含む名詞節と考えることもできますし，名詞句であると考えることもできます。ところで，（44b）はどうでしょうか，him kind に主語と述語の関係があるのを認められても，名詞節と考えるのはなかなか難しいかもしれません。[17]

---

　[17] これに関しては，2.9 節の小節に関する議論を参照してください。

(44) a.　I consider that he is kind.（彼が親切だと思う）

　　 b.　I consider him kind.（彼が親切に思う）

文と節もややこしく，(45a) は He is kind. が文でもあり，節でも
あります。しかしながら，多くの文法書 (e.g. Huddleston and Pullum
(2002)) では，(45b) において he is kind は節ではあっても文では
ないという立場をとっています。

(45) a.　He is kind.（彼は親切だ）

　　 b.　I consider that he is kind.（彼が親切だと思う）

つまり，主節は文であり，節でもあるという立場は広く共有されて
いるのです。問題は従属節です。従属節を smaller sentence と呼
ぶことも珍しくないので，「従属節＝文」であるという捉え方もあ
ります。文とは主語と述語を含む構造上のかたまりですから，節と
同じであると緩く考え，場合によっては主節だけを文と見なす立場
があると考えるくらいがちょうどいいのかもしれません。

文と節

・文と節は基本的に同じで，主語と述語を含む構造的なかたまり
のこと。ただし，場合によっては主節のみを文と呼ぶことがあ
る。

・句は，広く2語以上のかたまりのことをいうので，節を含む
ことがある。

1.5.　文法の整理法

　この節では，Huddleston and Pullum (2002) による文法事項の
整理法と，学校英文法の整理法とが顕著に異なるものについて考え
ることで，品詞についての理解を深めていきたいと思います。

1.5.1. 副詞と前置詞

　副詞句も前置詞句も修飾語句として働いたり，時に動詞によって選択される補部，すなわち文の要素として機能したりしますので，かたまり全体が文中で働く機能の点において違いはありません。そして，伝統文法的な観点からの両者の違いは何かといえば，副詞は目的語に名詞句を必要としない，つまり名詞句が後続する必要がない一方，前置詞は名詞句を目的語にとる，つまり名詞句が後続しなければならないという点にあります。また，従属接続詞は節を目的語にとる，つまり節が後続するという特徴があります。しかしながら，前置詞は以下にみるように名詞句以外のものも目的語にとることができます (Huddleston and Pullum (2002))。

(46) a. The magician emerged [from behind the curtain].
      （手品師はカーテンの後ろから現れた）［前置詞句］

   b. I didn't know about it [until recently].
      （私は最近までそのことについて知らなかった）［副詞(句)］

   c. We can't agree [on whether we should call in the police]. （私たちは，警察に電話すべきか否かについて同意しかねている）［疑問詞節］

   d. They took me [for dead].
      （彼らは私を死んだものと思っていた）［形容詞(句)］

ここで問題になるのが，[ ] でくくられたかたまりがすべて同じ働きになるのに，その主辞[18]にどういった要素が後続するのかという観点から (46) の from, until, on, for を異なる品詞として区別する必要があるのかという問題です。たとえば，同じ動詞の re-

---

　[18] 句の中で中心的な役割をする要素のことで，主要部と訳されることもあります。前置詞句では前置詞，副詞句では副詞（この場合，主辞である語の副詞＝副詞句），名詞節では接続詞，形容詞句では形容詞（この場合も，主辞である語の形容詞＝形容詞句）のことです。

member であっても後続する要素としては以下のように名詞句であったり，節であったりすることがあります。しかし，どちらも remember を中心とする動詞句として捉えるという点において変わりはありません (ibid.)。

(47) a. I [remember the accident].
        （私はその事故を覚えている）［名詞句］
   b. I [remember you promised to help].
        （私はあなたが助けてくれると約束してくれたのを覚えている）
        ［節］

しかし，以下のような after では事情が異なります。つまり，名詞句が後続する場合 after は前置詞という扱いを受け，節が後続する場合には接続詞という扱いを受けることになります (ibid.)。

(48) a. He left [after the accident].
        （彼は事故の後に立ち去った）［名詞句］
   b. He left [after you promised to help].
        （彼はあなたが助けると約束した後で立ち去った）［節］

remember に後続する要素が名詞句であろうが節であろうが re-member を中心とするかたまりが動詞句で変わらないという事実と同じく，上記の例でも after に後続する要素が名詞句であろうが節であろうがかたまりの役割は変わらないという事情は同じです。つまり，主辞の後にどのような要素が続こうが，その主辞を中心とするかたまりの働き自体には変化がないということです。ということは，動詞の後に名詞句が後続するのか（つまり，他動詞），しないのか（つまり，自動詞），動詞の後に節が後続するのか（つまり，節を目的語にとる他動詞）で動詞句を区別しないのと同じく，前置詞の後に要素が後続するのか（つまり，前置詞），しないのか（つまり，副詞），前置詞の後に節が後続するのか（つまり，従属接続詞）で品詞を区別しなければならないという必要性がなくなります。

このように，前置詞，副詞，従属接続詞はすべて同じ範疇であるという考え方が可能であるということになります。

　ここまでの経緯を，まとめてみましょう。動詞句は以下の通り，動詞の後にどのような要素が後続しようが動詞を中心とするまとまりであると考えています。

(49)　動詞句（つまり，動詞を中心とするかたまり）
　　　a.　動詞
　　　b.　動詞＋名詞句
　　　c.　動詞＋形容詞句
　　　d.　動詞＋前置詞句
　　　e.　動詞＋副詞句
　　　f.　動詞＋節

前置詞，副詞，従属接続詞ですが，伝統的な見方は以下の通りで，かたまりとしての働きとは関係なく，後続する要素がどうなっているかで区別されていることになります。

(50)　前置詞，副詞，従属接続詞の伝統的な見方
　　　a.　後続する要素なし → 副詞
　　　b.　名詞句が後続する → 前置詞
　　　c.　節が後続する → 従属接続詞
　　　d.　形容詞句，前置詞句，副詞句が後続する → 前置詞の例外
　　　　　的用法

しかしながら，動詞の後ろに何が後続するかで動詞句を区別しないのと同じく，前置詞，副詞，従属接続詞も区別しない，つまりすべてを同じ種類のもの（つまり，前置詞句）であると見なす考え方は理に適っているものと思われます。

(51)　前置詞，副詞，従属接続詞の新しい見方
　　　a.　後続する要素なし → 前置詞の一種

    b.　名詞句が後続する → 前置詞の一種

    c.　節が後続する → 前置詞の一種

    d.　形容詞句，前置詞句，副詞句が後続する → 前置詞の一種

この考え方の例外になるのが，whether と whether と同意語になる名詞節を導く if と，従属節を導く that ということになります。これらは，従属節を導く際の目印になり（前者は間接疑問文，後者は平叙文を導く），かつそれらが生じる節の中心にならないという特徴があります。つまり，Huddleston and Pullum（2002）によれば，以下のような区分になるわけです。

(52) a.　従属接続詞：that, whether, if（whether と同意）

    b.　前置詞だが節を目的語にとるもの：after, if（条件文を導く），since, though など

Huddleston and Pullum（2002）の見方に従えば，従属接続詞は節を導く力しか持たないため，これらが主辞[19]として積極的に意味に貢献するわけではありません。that の場合は単純に平叙文を導くだけで省略されることも多々あり，whether や if は後続に疑問文を導く目印にはなっているものの whether や if 自体が積極的に意味を持っているわけではありません。

　一方，前置詞のほうは節が後続しようが，名詞句が後続しようが，独自の意味を保持しているという特徴があります。また，(53)の前置詞は直前に修飾語句がくることがあります。この機能は，後続に節が続こうが（つまり，伝統的な従属接続詞という区分であろうが），名詞句が続こうが（つまり，伝統的な前置詞という区分であろうが）変わりはありません。つまり，後続の要素次第で before を接続詞だと言ったり，前置詞だと言ったりする積極的な理由はないというわけです。

---

[19] つまり，従属節のかたまりの中心になる語彙ということです。

(53) a. <u>an hour before</u> the meeting ended
　　　（会議が終わる1時間前に）

　　b. <u>an hour before</u> the end of the meeting
　　　（会議の終了の1時間前に）

　　c. <u>just before</u> it ended（終わるちょっと前に）

　　d. <u>just before</u> the end（終わりのちょっと前に）

この品詞の区分の仕方は，品詞の新しい整理法を提供するばかり
か，前置詞，副詞，従属接続詞などに関して，後続の構造がどう
なっているかという分析自体は英文解釈において積極的な意味がな
くなる場合も出てくるということにもなります。句のかたまりとし
ての働きこそが重要で，内部構造は二の次という言い方をしてもい
いのかもしれません。

前置詞，副詞，従属接続詞
・名詞句が後続すれば前置詞，何も後続しなければ副詞，節が後
　続すれば従属接続詞と考えられてきたが，すべてを同じカテゴ
　リにまとめることが可能。
・that, whether, if が純粋な従属接続詞として扱われるのは従
　来通り。

1.5.2. 動名詞と現在分詞
　動詞に -ing がついた語形のものを，Huddleston and Pullum
(2002) は動名詞分詞と呼んでいます。もちろん，伝統文法では動
名詞と現在分詞は区別されています。

(54)　動名詞
　　a. [**Inviting** the twins] was a bad mistake.
　　　（その双子を招待したのは，ひどい間違いだった）

　　b. We're thinking of [**giving** them one more chance].
　　　（彼らにもう一度チャンスを与えてはどうかと考えています）

  c. I remember [**seeing** them together].

   （彼らが一緒にいるのを見た覚えがあります）

  d. She found [**talking** to Pat] surprisingly stressful.

   （彼女はパットに話すのが驚くほどストレスになると思った）

(55) 現在分詞

  a. Those [**living** alone] are most at risk.

   （1人で住んでいる人々はもっともリスクにさらされている）

  b. [Not **having** read his book], I can't comment.

   （彼の本を読んでいないので，コメントできない）

  c. She is [**mowing** the lawn]. （彼女は芝生を刈っている）

  d. We saw him [**leaving** the post office].

   （彼が郵便局を出て行くのを見た）

  e. I caught them [**reading** my mail].

   （彼らが私の郵便物を読んでいるのを目撃した）

動名詞句は主語，前置詞の目的語，動詞の目的語といった働きをします。一方，現在分詞は名詞修飾のかたまりを導いたり，分詞構文として副詞のかたまりを導いたり，be 動詞に後続して進行形として述語動詞になったり，目的格補語として機能するものです。もちろん，英語の歴史的な経緯として動名詞と現在分詞は別々に発生してきたこともあり，両者は異なるものでした。しかし，現在では同じ語形で同じ種類のカテゴリーとしてまとめられているというのが，Huddleston and Pullum（2002）の主張になります。特に，(54c) と (55d, e) は同じく，叙述の意味を表している補部になっています。(54c) は動名詞なので伝統文法的な見方をすれば名詞，(55d, e) は現在分詞なので形容詞ということになりますが，そもそもいわゆるこの現在分詞句を叙述形容詞に置き換えることができるわけではありません。つまり，形容詞句としてのステータスはないということが言えるわけです。そういう意味では，これらを区別する理由はそもそもなくなります。

　また，他の文法事項に目をやると，原形不定詞や to 不定詞は，各々の働きを細分化しているわけでもありません。たとえば，to 不定詞のかたまりは，いわゆる名詞的用法と呼ばれる用法では主語や目的語などといった文の要素になり，名詞を修飾したりする場合にはいわゆる形容詞的用法という扱いを受けるだけの話であり，別個のカテゴリーとして別々のラベルを貼り付けているわけではありません。そういうわけで，語形に基づいた区別のほうが，無駄な細分化をなくすことができる可能性があり，効率的でもあります。

　動名詞の起源は，もともとは名詞形を作る ·ing に由来しており，現代英語でも以下の（56a）のような名詞用法が存在しています。ここで writing は名詞として使用されていますので，定冠詞がついています。また，目的語の名詞句をとることができませんので，the letter を後続させるためには前置詞の of を介在させる必要があります。(56b) にあるとおり，仮に writing を動名詞として使用すれば，目的語に名詞句がとれます。

(56) a.　Kim hadn't been involved in the **writing** of the letter.
　　　　（キムはその手紙を書くことに関わっていない）
　　 b.　Kim hates **writing** thank-you letters.
　　　　（キムは感謝の手紙を書くのが嫌いだ）

動名詞も現在分詞も動詞としての性質を保持していますから，副詞句に修飾され，名詞句の目的語をとるという性質があります。

　ただし，動名詞と現在分詞を同一のものとして扱うという提案に問題がないわけではありよせん。意味上の主語が明示化される場合，動名詞では属格（所有格）が基本で，目的格がくだけた文体では可能，主格は容認性が落ちます。一方，現在分詞の場合，主格が基本で，くだけた文体では目的格が可能，属格は容認性が落ちるという違いがあります（ibid.）。

(57) a.　She resented {his, him, *he} being invited to open the

　　　　debate.（彼女は彼が議論の口火を切るように頼まれたことに憤
　　　　りを覚えた）
　　b.　We appointed Max, {he, him, *his} being much the best
　　　　qualified of the candidates.（マックスが候補者の中でずば抜
　　　　けてすぐれていたので，彼を任命することにした）

これは，動名詞と現在分詞がカテゴリーとしてまだ完全には合流し
ていないということを示唆しているのかもしれません。
　また，Quirk et al. (1985) も動名詞と現在分詞は区別せず，·ing
という形式でまとめてありますし，現代英語では *do*ing を中心と
する句ということで捉えたほうが合理的なのかもしれません。

動名詞と現在分詞
　·動名詞と現在分詞を区別する積極的な理由はなく，·ing 型の
　　非定形節であるとまとめることが可能。

1.5.3.　名詞と決定詞
　以下の例で yesterday に注目してください。同じ語ではあります
が，品詞が変わるという扱いを伝統文法では受けています。

(58) a.　Yesterday was the first day for weeks that it hasn't
　　　　rained.（昨日，何週間かぶりに雨が降らなかった）
　　b.　They arrived yesterday.（彼らは昨日到着した）

yesterday は day がついている語彙的特徴を考えれば，名詞という
印象があります。しかし，伝統文法的な見方でいえば，(58a) では
was の主語になっているので Yesterday は名詞ですが，(58b) で
は時間を表す副詞という扱いを受けることになります。この手の，
文中での役割によって名詞が副詞としての扱いを受ける語句として
は，時間の last week（先週），継続時間の a long time（長い間），頻
度の many times（何度も），様式の this way（このように）などがあ
ります。

(59) a. They arrived last week.（彼らは先週到着した）

    b. They stayed a long time.（彼らは長い間滞在した）

    c. They tried many times.（彼らは何度も試した）

    d. They did it this way.（彼らはそれをこのようにした）

これらの語句は，形態的にも付随する決定詞などからも基本的な範疇としては名詞なのですが，文中では述語を修飾するという役割を果たしているので副詞としての扱いを受けます。学習者からすれば，同じ語句なのに状況によって名詞だと言われたり，副詞だと言われたりしても混乱するだけかもしれません。そもそも，名詞には副詞的対格という用法があり，必ずしも文中で文の要素として機能するわけではありませんので，これらは単純に名詞だという方針でまとめてしまったほうがすっきりするのかもしれません。Huddleston and Pullum (2002) はそういう扱い方を提案しています。

　また，決定詞の much や this に関しても以下のような例を挙げ，単純に決定詞であるとしています。下線部の要素は伝統文法では修飾要素として，形容詞や副詞として区別されていました。

(60) a. We haven't got much time.

      （我々にはあまり時間がない）［形容詞］

    b. She wrote this book.

      （彼女がこの本を執筆した）［形容詞］

    c. We didn't like it much.

      （私たちはそれがあまり好きではない）［副詞］

    d. She is this tall.（彼女はこんなに背が高い）［副詞］

これら決定詞は，(60a, b) の場合には名詞と関連するために形容詞，(60c, d) の場合には動詞，形容詞を修飾するために副詞と分類するのが伝統文法の規則でした。しかしながら，Huddleston and Pullum (2002) は機能の違いに応じて形容詞や副詞に分類する必要はないと主張しています。決定詞には基本的に名詞の修飾，

それ以外の修飾という役割があり，それらを文中での役割に応じて異なる品詞として扱う必要はないというわけです。というわけで，統辞範疇と文中での役割というのはきっちりと区別すべきものでしょう。文中での役割に応じて，品詞が変わってしまうと混乱の原因にもなりかねません。

名詞と決定詞

・文中での役割毎に品詞を変えるのではなく，名詞は名詞，決定詞は決定詞とまとめておいたほうが混乱が少ない。

・語彙範疇と文中での役割は区別すべきで，文中での役割に応じてあまり品詞の数を増やさないほうがよい。

第2章　文型に関して

基本5文型を教えているのは日本だけだという話を聞いたことはないでしょうか。この章では，5文型を理論言語学や欧米の英文法書と比較し，文型と呼ばれる述部のパタンについて言語学が明かしてきた事実を考察していきたいと思います。

2.1.　5文型ってダメですか？

　英語の文法研究も科学的な営みの一つですから，時間が経てば有力な見解も変わっていきます。また，英語は21世紀に現存する言語ですから，少しずつ変化していきます。このように，分析の方法も言語の在り方も変化していく以上，それに合わせて現場の教育方法も変えていく必要があるわけですが，現実はそのようになっているわけではありません。

　日本の学校英文法では，基本5文型という枠組みに沿って述部の構造を分析するのが主流です。ただ，「文型」という言葉は平成20・21年告示・改正の学習指導要領以降は姿を消し，意図的に「文構造」という言葉に変えられています。その理由については学習指導要領解説に以下のように明記されています。

　「今回の改訂では，従来の学習指導要領で用いられていた「文型」に替えて「文構造」という語を用いている。これは，文を「文型」という型によって分類するような指導に陥らないように配慮し，文の構造自体に目を向けることを意図してのことである。正確な文を話したり書いたりしようとすれば，例えば，動詞に続く目的語がto不定詞／動名詞／that節のうちどれなのかといったように，構

造に注意を向ける必要がある。このようなことなどにも目を向ける
ことを意図して，より広い意味を表すものとして「文構造」という
語を用いたのである。（高等学校学習指導要領解説 外国語編 英語編 平
成21年12月39ページ）」

　おそらく，すべての英文の述部の構造を5文型という型に強引
に当てはめる指導をなくしていこうという意図があったのではない
かと考えられます。この文言の後で，様々な述部構造の説明の他
に，形式主語を用いた文やthere構文の用例を掲載しています。こ
れら特殊構文を5つの型に当てはめること自体には，意義がない
という思惑があったのでしょう。しかし，5文型の考え方自体を放
棄したわけでもなさそうです。まとめ方を見る限り，平成29・30
年の中学校・高等学校用の学習指導要領でもその基本線に変更はあ
りません。

　ところで，5文型が日本に広がったきっかけは，細江（1917）の
導入によると考えられています。[1] その後，日本で独自の発達を遂
げ，現在の形をとっています。しかしながら，欧米の英文法書と比
べて全く違うシステムを提案しているというわけではありません。
欧米の文法書でcomplementと呼ばれる要素は，必ずしも主格補
語や目的格補語として使用されているわけではありませんが，大枠
は似ています。また，文型の分類はあくまで型の分析であって，そ
れによって何かがわかるといったような主張は（もともと）されて
いません。

　そして，奇妙なことに感じられますが，現在の学校英文法の基礎
となる「聖典」のような役割を果たしている英文法書はありません。

---

[1] 基本5文型の基本的な考え方は，歴史的にはOnions（1904）の影響が強い
と考えられていますが，宮脇（2012）によれば，源流はもう少し古くCooper
and Sonnenschein（1889）まで遡ることができるということです。なお，5文型
の扱いは少ないですが，日本の英文法成立の経緯については斎藤（2022），江利
川（2022）がよいまとめになっています。

Quirk et al. (1985) は多少意識されているかもしれませんが，Huddleston and Pullum (2002) はほぼ無視されている印象があります。日本語でも江川 (1991)，安井 (1996) や安藤 (2005) などの優れた英文法書がありますが，教科書や学習用の英語総合書・文法書を見る限り，どこまで参照されているのかは不明です。

　基本 5 文型という枠組みは，長く継承されているという事実からも推測できるように，便利な側面があります。特に，動詞句は構造が変われば意味が変わることにもなります。また，英文法を使用する目的の一つとして，英文の区切れを理解するというのもあります。そのための目安として，大いに役立ってきたという面は評価すべきでしょう。

　一方で，英語教育が大きな産業の一つになっている事情を考えれば，過度な単純化で「わかりやすさ」を売りにするような人たちが，極端なことを主張することにもつながってきます。たとえば，「文型が分かれば英文の意味が分かる」といったような主張です。誤解のないように言っておきますと，文型がわかることによって大まかな意味が判明することはたくさんあります。

　しかしながら，これはあくまで「たくさん」であって，「すべて」ではありません。学習者，特に初学者は不安ですから，「全部」と言い切って欲しいという願望を持ってしまいがちです。しかし，残念ながら言語というシステムはそれほど単純ではありません（例外を好みます）。そして，5 文型というシステムは少なくない齟齬を含みますので，この部分は今後，修正していく必要があるでしょう。

　それで，平成 20 年に告示された中学校用の外国語学習指導要領（高等学校学習指導要領でも踏襲）では，「文構造」を扱うという形で以下のような表を第 2 章第 3 節で示しています。

(1) a.　[主語 + 動詞]
　　b.　[主語 + 動詞 + 補語] のうち，(a) 主語 + be 動詞 + {名詞，代名詞，形容詞}，(b) 主語 + be 動詞以外の動詞 + {名詞，

　　　　形容詞}
　c. [主語＋動詞＋目的語] のうち,
　　　i. 主語＋動詞＋{名詞, 代名詞, 動名詞, to 不定詞, how (など) to 不定詞, that で始まる節}
　　　ii. 主語＋動詞＋what などで始まる節
　d. [主語＋動詞＋間接目的語＋直接目的語] のうち,
　　　i. 主語＋動詞＋間接目的語＋{名詞, 代名詞}
　　　ii. 主語＋動詞＋間接目的語＋how (など) to 不定詞
　e. [主語＋動詞＋目的語＋補語] のうち,
　　　i. 主語＋動詞＋目的語＋{名詞, 形容詞}
　f. その他
　　　i. There＋be 動詞＋〜
　　　ii. It＋be 動詞＋〜 (＋for 〜) ＋to 不定詞
　　　iii. 主語＋tell, want など＋目的語＋to 不定詞

このフォーマットの (1c) である [主語＋動詞＋目的語] にしたがって具体例を挙げると, 以下のようなものがあります।

(2) a. I like baseball. (私は野球が好きです)
　b. I like that. (私はあれが好きです)
　c. I like playing baseball. (私は野球をすることが好きです)
　d. I like to play baseball. (私は野球をすることが好きです)
　e. He does not know how to play baseball.
　　　(彼はどうやって野球をするのか知りません)
　f. He believes that I like baseball.
　　　(彼は私が野球が好きだと信じています)

ここで列挙されているパタンはすべて SVO 文型と分類されますが, そう分類することによって理解が深まるわけではありません। また, 最終的にはどの動詞がどのような目的語を選択するのかということは, 英語を使用していく上で個別に覚えていくしか仕方がない

という事情もあります。たとえば，like は比較的さまざまなものを目的語にとることができる動詞ですが，物理的接触を伴う hit などはどうでしょうか。I hit a ball. は問題ありませんが，#I hit his idea. のように，抽象的なものを目的語にはとれません。また，(2c, d) にあるように like は動名詞句も to 不定詞句も目的語に取れますが，that 節や wh 節を目的語に取ることはできません。そして，like のように to 不定詞句も動名詞句も目的語にとれる動詞がある一方で，動名詞句は目的語にとれても to 不定詞句はとれない enjoy のような動詞（e.g. I enjoyed playing baseball.）もあれば，その逆の want もあります（e.g. I want to play baseball.）。remember はどちらも目的語に取れますが，意味が変わります（e.g. I remember to post the letter.（手紙を出すことを覚えている）vs. I remember posting the letter.（手紙を出したことを覚えている））。そして，want や tend など，後続のパタンが決まっている動詞ですと，want to *do* ～「～したい」，tend to *do* ～「～しがちである」という形で，セットフレーズで使用しているのが基本といえるでしょう。want は他動詞で，to 不定詞句を目的語にとっているという分析は，want が他動詞であるという動詞の語彙記述の観点からは一貫性がありますが，want の実際的な使用という観点からは離れていると言わざるを得ません。

　というわけで，SVO 文型と判断ができれば，単に他動詞が述語として使用されているということがわかるのみであり，インプットで多少の助けにはなってもアウトプットの知識としては役に立たないということがわかります。文構造を扱うという新しい学習指導要領の方針にはこの辺りの不備を補う役割があり，文法は不要だと言っているわけではないことに注意が必要です。

　しかし，学習指導要領における文構造の解説も用語の解説を見ればわかるとおり，結局のところは基本 5 文型を下地にしています。そして，その理解のためには，品詞毎の役割を詳細に説明するという方法があるのですが，これがなかなか面倒なのは 1.5.3 節でも指

摘した通りです。

たとえば，名詞と前置詞の役割について，基本5文型を下敷き
にした考え方をまとめると以下のようになります。

(3) a. 名詞：文の要素として主語，目的語，補語になる可能性
がある。また，前置詞の目的語になり，前置詞句を作る
こともできる。ほかにも，修飾語として名詞を修飾する
形容詞のような働きをしたり，時間や場所を表現する副
詞のような働きもある。[2]

b. 前置詞：名詞を目的語にとり，前置詞句として形容詞や
副詞のかたまりとして働く。

これらの説明を読んで，何の違和感も持たない人は英文法の体系が
頭の中にある人で，この説明を初学者にしてもなかなかわかっては
もらえないでしょう。また，1.5節で扱ったような複雑な問題もあ
ります。

そして，基本5文型の問題として，用語に混乱が多いというの
と，システムに矛盾が多いというのもあります。用語に混乱が多い
のは，たとえば，主語と名詞句，述語と動詞句の混乱があります。
主語や述語は文法関係を表す用語で，文中であるまとまりが果たす
役割のことを述べています。一方，名詞や動詞は語彙範疇のことを
述べています。同一のものに違うラベルを貼り付けると，その使い
分けは困難になりますので，使用には注意が必要です。特に英文の
構造で中心になるのは時制情報の含まれる述語動詞なので，述語と
動詞という用語の混乱はしょっちゅうあり，述語動詞ではない動詞
という意味では，動名詞やto不定詞などもあるのがやっかいなと
ころです。そして，これら動名詞句やto不定詞句は，文の分析の

---

[2] 名詞に副詞的な役割があるという説明は，副詞的対格の存在を念頭に置いて
いる書籍です。書籍によっては，名詞の副詞的用法である副詞的対格の存在を認
めていないものもあります。詳しい話は，1.5.3節も参考にしてください。

際には「名詞句」と呼ばれたり，「形容詞句」，「副詞句」と呼ばれたりすることもあります。英語の分析ができていると，述語動詞とその他，文の要素とその他という区別がすぐにできるため，その結果だけをついつい口にしてしまいがちになりますが，初学者にその区別は容易にできないでしょう。ある程度は，基本例文を下敷きにインプットを増やしていくことのほうが重要ではないでしょうか。

そして，基本5文型では SV, SVC, SVO, SVOO, SVOC という5つのパタンに英文を分析していきます。S は Subject, O は Object, C は Complement ということで文法関係を示す用語になっていますが，Verb である V だけは語彙範疇を示しているのも混乱の原因になるかもしれません。本来なら Predicate ということで P 辺りの記号を使ったほうがよかったのかもしれませんが，基本5文型のパタンで V を使うという約束は浸透してしまっているので，変更することは難しいかもしれません。[3]

なお，語彙範疇に基づいて基本5文型をパタン化するのであれば，以下のような記述になると考えられます。N は Noun, V は Verb, A は Adjective を表しています。これはこれで整合性がとれていて，よい分析になるかもしれませんし，実際，生成文法の初期の句構造規則はこのような書き方をしています (Chomsky (1957))。[4]

(4) a.　SV → N V
　　b.　SVC → N V A か，N V N
　　c.　SVO → N V N
　　d.　SVOO → N V N N
　　e.　SVOC → N V N A か，N V N N

---

[3] 後述しますが，Huddleston and Pullum (2002) はそのような記述の仕方をしています。

[4] 実際には，N は NP, V は VP, A は AP という表示になっています。ここでは，句であるという概念は無視しておくことにします。

文法関係と語彙範疇を整理してみると，以下のようになります。これらは，混同して使用されるので注意が必要です。

文法関係	主語	述語	目的語	補語
語彙範疇	名詞	動詞	名詞	名詞，形容詞

表 2.1：文法関係と語彙範疇

　次に，区別の難しい用語の使い方としては，「(5a) において前置詞句 under the table は形容詞として用いられており，(5b) では in Japan が副詞として用いられている」といったような説明の仕方の例があります。語句のまとまりの区別が頭の中に入っていると，名詞修飾の役割を果たす語句は形容詞，動詞修飾の役割を果たす語句は副詞ということがすぐにわかるのですが，(5a, b) の under the table と in Japan は前置詞句であり，語としては形容詞も副詞も含んでいません。というわけで，説明の際には「名詞・動詞を修飾している」という言い方にとどめておき，前置詞句の文中での役割を品詞名で伝えるのは初学者には控えておくべきでしょう。

(5) a.　the cat under the table（テーブルの下の猫）

　　 b.　In Japan many people eat fish raw.
　　　　　（日本では，多くの人が魚を生で食べている）

そして，語彙範疇毎の文中での役割を整理してみると，以下のようになります。慣れると難しくはないのですが，それでもなかなか複雑な規則ではあります。

語彙範疇	名詞	動詞	形容詞	副詞
役割	主語，目的語，補語，前置詞の目的語	述語，準動詞句を形成	補語，名詞修飾	名詞以外の修飾

表 2.2：語彙範疇と文中での役割

用語の混乱に加えて，基本 5 文型では例外事項も多くあります。たとえば，前置詞句は文の要素ではない，名詞句は文の要素であるという前提となる規則を提示してはいるものの，前置詞句なのに文中で必要な (6a) の to the park，名詞句なのに文中で修飾要素として使用されている (6b) の this way などもあります。

(6) a.　I went to the park yesterday.（昨日，公園に行きました）

　　 b.　Come this way, please.（どうぞ，こちらに来てください）

前置詞句や副詞句が文中で必要になる場合は多々あり，これらを A(dverbial) として文の要素に入れ，7 文型か 8 文型にするべきだという見解もあります。つまり，(6a) は to the park が A で，SVA 文型であるとする分析があります。他にも put などでは，I put the book on the table. のような使い方をするので，SVOA 文型と分析されることもあります。現行の学校英文法では，put A on B は熟語なので覚えましょうと指導するのみであることが多く，on B が前置詞句なのに put とくっつくという事実は棚上げにされてしまいます。この種の熟語は多いので，その意義をあまり意識したことがない学習者は多いかもしれません。しかし，これらは前置詞句が文の要素にはならないという前提に不備があるだけなので，前置詞句は主語にはならないとだけ教授しておけばよいのではないかと思われます。[5] 英文を読む際にまず必要なのは主語と述語を見つけることであり，前置詞がついていない名詞句をまずは主語として予測するという思考法はかなり効果的だからです。

　品詞は古代ギリシア語，ラテン語文法の頃から parts of speech と呼ばれてきたもので，その分析には長い歴史があります。英文を分析する際には，語句の文中での役割の用語を使用しているのか，語彙範疇について語っているのかは常に明確に意識しておいたほう

---

　[5] Under the table is comfortable. のような前置詞句主語という現象がありますが，これには目を瞑っておきましょう。

がよいでしょう。また，(6a) の yesterday が副詞という感覚も，day がついた語句が副詞であると理解するのはなかなか難しいと心に留めておいたほうがいいと思われます。(6b) の this way に関しても同じです。this という決定詞がついた way を 5 文型の枠組みで副詞だと判断できるのは，この文において this way が様態の意味で come を修飾していると分析ができているからにすぎません。[6]

5 文型の特徴

・5 文型はインプットの役には立つものの，アウトプットでは不足が多い。その不備を頭に入れて使えば有効だが，矛盾点が多いのは意識する必要がある。

・前置詞句や副詞句は，文中で必要とされる（文の要素になる）ことがある。

・文法関係と語彙範疇は異なる概念である。

2.2.　文型がわかれば意味がわかるか？

さて，「文型がわかれば意味がわかる」ということは必ずしもないと言いましたが，この主張の問題点について，前置詞句を例にとって考えていきましょう。以下の (7) と (8) では，それぞれ同じ意味の文が並んでいます (川原 (2021))。

(7) a.　John reached the station（ジョンは駅に着いた）

b.　John went to the station.（同上）

c.　John arrived at the station.（同上）

(8) a.　John gave Mary some food.

（ジョンはメアリーに食べ物を与えた）

b.　John gave some food to Mary.（同上）

c.　John provided Mary with some food.（同上）

---

[6] 1.5.3 節で，これを名詞として扱うという見解を紹介しました（再掲）。

意味はほぼ同じですが，基本 5 文型に従えば（7a）は SVO 文型，（7b, c）は SV 文型と判断され，（8a）で SVOO 文型，（8b, c）は SVO 文型と判断されることになります。問題は，前置詞句が 5 文型というシステムの中では文の要素にはならない修飾部として扱われる点にあります。しかしながら，（7a）で the station が文の要素，（8a）でも Mary と some food が文の要素として扱われていることからも明らかなように，（7b, c）と（8b, c）の前置詞句は文中で不可欠な要素として機能しています。というわけで，現行の学校英文法ですと「前置詞は修飾部なので文中から取り除けるはずだけど，この文中では必要なのでここでは不可能」というワケの分からない事態に陥ってしまうわけです。

　もちろん，問題点は前置詞句は文の要素にならないという想定ですので，この想定を変えてしまえばいいわけです。こうすれば，go to A は「A に行く」，arrive at A は「A に到着する」，provide A with B は「A に B を提供する」という形で「熟語だから覚えなさい」と指導し，文中で必要とされる前置詞句の存在を意図的に無視させる必要はなくなります。

　述語動詞の意味から，（7）と（8）の英文を分析してみましょう。（7）は「ジョンが行った」というのが主語と動詞の意味ですから，「どこ」に行ったのかまでが必要な情報ですし，（8）では「ジョンが与えた」わけですから，「誰に」「何を」までが必要な情報であると考えれば，動詞の意味から逆算することである程度は文の要素を想像することはできます。つまり，前置詞句を文の要素として扱ってもいいわけです。文の要素が名詞句として表されるのか，前置詞句で表されるのかといった情報は，結局のところは動詞の語彙的な性質に従いますから，これらは個別に覚えていかざるをえません。

　前置詞句が文の要素として重要な役割を果たすことがあるということに関して，Quirk et al.（1985: 721）は以下のような 7 文型という動詞句構造の体系を提唱しています。なお，S が subject，V が verb，O が object，C が complement というのは基本 5 文型と

同じで，それに加えて A，つまり adverbial を文の要素として扱っています。つまり，副詞句の中にはいわゆる「修飾部」として文の基本構造にはカウントしない要素と，文の要素になる場合があり，後者の場合には A という記号を記入しているわけです。彼らの例をとってきてみると，以下のようになります。

(9) a.　SV: The sun is shining.（太陽が輝いている）

b.　SVO: That lecture bored me.（あの講義は私を退屈させた）

c.　SVC: Your dinner seems ready.
（夕食の準備ができたようですよ）

d.　SVA: My office is in the next building.
（私のオフィスは隣の建物にあります）

e.　SVOO: I must send my parents an anniversary card.
（両親に記念日カードを送らないといけません）

f.　SVOC: Most students have found her reasonably helpful.
（大半の学生が，彼女のことをまずまず助けになると思いました）

g.　SVOA: You can put the dish on the table.
（皿をテーブルの上に置けますよ）

日本の基本 5 文型と SVC と SVO の順序が異なりますが（第 2 文型や第 3 文型という名称自体にたいした意味はないでしょう），非常に似ていることがわかります。そして，in the next building や on the table を文の要素として扱うことによって，前置詞句なので本来は文の要素にならないはずだが，ここでは必要だといったような面倒なことを言わなくてもよくなります。

　さて，Quirk et al.（1985）でも前提となっていますが，前置詞句だけではなく副詞句も文の要素になることもあれば，ならないこともあります。代表的な例をいくつか紹介していきましょう（川原(2021)）。

56

(10) a. John is here. (ジョンはここにいます)

    b. This book sells well. (この本はよく売れます)

    c. They lived happily. (彼らは幸せに暮らしました)

    d. John put the key there. (ジョンは鍵をそこに置きました)

    e. John treated Mary badly. (ジョンはメアリーをひどく扱った)

(10a) はさきほどの (9d) の SVA の事例と同じですが,「主語 be 場所」という表現では,場所の表現に当たる副詞が文中では必要となります。(10b) は中間態と呼ばれる現象で,well が必須とされています。sell は典型的には「誰が sell 何を」という形で,「誰が何を売る」という意味を表します。目的語の位置に「売る物」がくるのが通常ですが,中間態ではこの「売る物」が主語にくるという特徴があります。また,(10d) は (9g) と基本的に同じで,put という動詞により場所を表す表現が必要とされています。(10c, e) では,動詞 live と treat の性質から「どのように」という表現に当たる副詞が必要とされています。

　さて,中間態という名称自体は学校英文法には出てきませんが (しかし,例文として (10b) のようなものは出てきますし,語注として sell well「よく売れる」という記述はあります),中間態についてもう少しだけ踏み込んでおきましょう。この手の,他動詞用法の場合の「何を」に当たる目的語を主語にして自動詞にするような中間態を形成できる動詞には,break, bribe, cut, kill, split, transcribe といったようなものがあります。また,副詞要素が必要とされるのが基本です。基本的には状態変化や位置変化を表し,主語にくる「何か」に何らかの影響があるという意味があるものが多いのですが,read や photograph,それに (10b) の sell などのような動詞も中間態になることができます。

(11) a. This book reads easily. (この本は容易に読める)

    b. She photographs well. (彼女は写真写りがよい)

また，中間態は主語の性質を示す意味で使用され，単純現在形で使用されるという特徴もあります。

　それでは，(10) に戻りましょう。これら副詞句を含む文の要素は，どのように定義されるのでしょうか。一番理に適っているのは，Huddleston and Pullum (2002) で採用されている「ある要素に選択される・必要とされる要素を文の要素つまり，補部 (complement) と呼び，それ以外の要素を付加部 (adjunct)（つまり，修飾部）と呼ぶ」方法があるのではないかと思われます。

　この考え方は，言語の構造に関する研究分野である統辞論 (syntax)[7] では基本的なものとされています。たとえば，(10c) では動詞 lived が happily を選択することによって lived happily という動詞句を作るという考え方が採用されます。このように，かたまりである句（ここでは lived happily）を形成する際に中心になり，その句の性質を決める要素（ここでは動詞の lived）を主辞 (head) と呼んでいます。主辞が選択する要素を決定するわけです。(10e) では treated が Mary と badly の両方を選択して，treated Mary badly という動詞句を構成しているわけです。これに対して，修飾部は選択される要素ではなく，随意的にくっつけることができますので，たとえば (10e) の動詞句に then という修飾語をくっつけて treated Mary badly then という動詞句のかたまりを形成すること

---

　[7]「統辞論」という syntax に対する訳語を積極的に取り入れているのは福井直樹氏やその関係者で，「統語論」という訳語のほうが一般的です。統語論は語を統べる論という意味で，語構造を基本単位にした構造規則を研究する学問という含意がありますが，統辞論は語をさらに分解した接辞レベルのものも含む，つまり語構造内部の分析も内実するニュアンスがあるように思われます。語源的に syntax はギリシャ語の sun "together"，tassein "arrange" を組み合わせた語であり，「語を統べる」だけに限る理由はありません。また，「統語論」だと認知科学の一分野としての言語学ではなく，語法研究としての構造というニュアンスもつきまとう印象があります。こういった事情を考慮した上で，本書では syntax に「統辞論」という訳語を採用します。

58

もできます。then は treated により選択されていませんから，付加部ということになり，文の要素として数えられることにはなりません。つまり，前置詞句だけではなく語としての副詞にも修飾部としての役割の他に，文の要素としての役割がありうるということになります。副詞は実際には修飾要素としての働きが基本ですが，副詞だからといって絶対に文の要素にならないという考え方には問題があるということになります。

　同じアプローチは，Aarts（2011）でも採用されています。こちらでは，文型の種類を提示するという形を取っていませんが，現象の扱い方は同じです。

　そして，Huddleston and Pullum（2002）では，文構造は5つの基準になる構文（five canonical constructions）があるという扱いで，以下のような事例を挙げています。S は subject，P は predicate，PC は predicative complement，O は object の意味で，順番以外は日本の学校英文法で使用される5文型と同じと考えることもできます（Huddleston and Pullum（2002: 218））．

(12) a.　I left. (S-P)（私は出て行った）［通常の自動詞］
　　 b.　I got better. (S-P-PC)（私はよくなった）［複雑自動詞］
　　 c.　I took the car. (S-P-O)
　　　　（私は車を手に入れた）［通常の（単一）他動詞］
　　 d.　I kept it hot. (S-P-O-PC)
　　　　（私はそれを熱いままにしておいた）［複雑他動詞］
　　 e.　I gave Jo a key. (S-P-O-O)
　　　　（私はジョーに鍵をあげた）［二重目的語をとる他動詞］

これらは，あくまで基準になる動詞句の構造ということになります。つまり，5つの文型は中心的な動詞の型ではあるのですが，すべての文の動詞の型が5つに分類できるのではなく，いろいろなパタンがありえるという立場を取っているわけです。

　というわけで，5文型ですべての動詞句の構造が表されるわけで

はありませんし，前置詞句や副詞句が文の要素にならないということもありません。この基礎事項においては，日本の学校英文法と欧米の英文法書との間で大きな乖離があるということになるかと思われます。しかし，Huddleston and Pullum が 5 つの文型を canonical と呼んでいることからもわかるとおり，この 5 つの型はある種の標準形でもあると考えてよいのかもしれません。実際，Huddleston et al. (2021) では，これら 5 つの動詞句の構造を基礎に議論を展開しています。

述部構造の特徴
・5 文型は典型的な文の構造パタンであると考えられる。
・文の要素は主辞により選択される補部であると考えられる。
・主辞により選択されない要素は付加部であると考えられる。

2.3.　補部と付加部という考え方

すでに説明したように，補部は主辞により選択される要素であり，付加部は任意でくっつくことができる修飾語句ということになります。以下で，speak は自動詞なので目的語に当たる名詞句を選択していません。at the party は任意で後続している修飾語句で，付加部と呼ばれる要素になります。一方，say は他動詞で目的語を選択しますから that は補部ということになります。

(13) a.　Our president spoke at the party.
　　　　　（私たちの大統領がパーティーでスピーチをした）
　　b.　He said that.（彼はそう言った）

動詞により選択される文の要素が補部であるというのと同様に，形容詞が前置詞句を選択することもあります。また，名詞が to 不定詞句や that 節を選択することもあります。

(14) a.　We Japanese are so dependent on technology.
　　　　（我々日本人は科学技術にそれほど依存している）

　　b.　You have the ability to help people.
　　　　（あなたには人を助ける能力があります）

　　c.　I love the fact that he is affectionate.
　　　　（彼が愛情深いという事実が好ましい）

dependent は動詞の depend と同様に on 句と相性がよいというのは広く知られていますが，これは depend(ent) が on 句を選択するという性質のためです。また，ability には to 不定詞句の形容詞的用法が同格的にかかるということも学校英文法では知られていますが，これは able, ability 自体に to 不定詞句を選択する能力があり，to 不定詞句を補部として従えているというのが実情です。また，fact が同格の名詞節と仲がよいというのはよく知られていますが，同格の名詞節を後続させる名詞は，that 節を補部として選択しているという考え方を欧米の文法書では採用しています。

　一つ一つの語彙の特徴には，結局のところ習熟して使いこなせるようになる以外にはないのですが，任意の語彙 X が任意の句 YP を選択する場合に YP は補部として扱われ，選択制限[8] などなく，付加される任意の修飾語句 ZP は付加部という考え方を採用することで，チャンクの仕組みが見えてくることになります。なお，任意の句の構造を樹形図で示すと以下のようになります。

---

[8] 主辞が選択する要素に課す，語彙範疇的な制限と意味的な制限のことです。たとえば，hit は後続する要素（つまり補部）に形容詞句ではなく名詞句を選択するという性質は語彙範疇的な制限で，後続する要素は物理的にたたくことが可能で抽象的な物ではないという性質は意味的な制限になります。

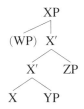

補部のパタン例

・動詞により選択される要素が補部である。

・形容詞により選択される要素も補部である（e.g. dependent on …）。

・名詞により選択される要素も補部である（e.g. ability to do …, the fact that …）。

・学校英文法で特定の名詞に後続するとされる to 不定詞の形容詞的用法，同格の名詞節の that 節も補部である。これにより，名詞とそれに後続する to 不定詞句や that 節などとの間に「相性の良さ」がある理由が理解できるようになる。

2.4.　自動詞と他動詞，2 種類の自動詞

　英語学習者が最初に躓く英文法項目の一つに，自動詞と他動詞の区別があります。

　動詞の後ろに必要な要素があるのが他動詞で，そうではないのが自動詞だと思ったら，不完全自動詞という名の自動詞があり，「動詞の後ろに補語が必要」という説明があります。さらに，他動詞にも完全他動詞と不完全他動詞というものが区別され，知識を整理するだけでもずいぶんと骨が折れてしまいます。

　そして，break は他動詞だと思ったら，以下のような自動詞用法もあります。自動詞と他動詞を区別して覚えろと言うのは簡単ですが，ことは中々に容易ではありません。

62

(15) a.　The boy broke the cup.（少年がカップを壊した）［他動詞］
　　 b.　The cup broke.（カップが壊れた）［自動詞］

動詞の種類は多いので，一つ一つ用法と対応する意味を覚えていかないといけないのは事実かと思われます。しかしながら，動詞の種類についていろいろと考えることで頭の中を整理することもできますし，自動詞と他動詞の区別もはっきりとしてくることにもなります。英語の動詞の区別としては，非能格動詞・非対格動詞と能格動詞というものが有名で，言語学では80年代に大枠ができていましたが，少しこの問題について考えてみることにしましょう。

　以下の二つの例はどちらにも目的語はありませんから，自動詞ということになります。

(16) a.　Three girls smiled.（3人の女の子たちが笑った）
　　 b.　Three girls arrived.（3人の女の子たちが到着した）

しかしながら，smiled と arrived は自動詞とはいっても，使用法にいろいろと違いがありそうなのです。たとえば，smile は there 構文で使用できませんが，arrive は使用できます。[9]

(17) a.　*There smiled three girls.
　　 b.　There arrived three girls.（3人の女の子たちが到着した）

そして，自動詞の中には，その自動詞から派生した名詞を目的語にとる同族目的語構文という現象があるのですが，smile にその用法はあっても，arrive にその用法はありません。[10]

---

[9]　* は言語学の慣習で非文法的な文につく目印です。
[10]　実は，非対格動詞であっても一部，同族目的語構文で使用されることがあります。
　(i)　The tree grew a century's growth within only ten years.
　　　（この木は，ほんの10年以内で1世紀ほどの成長をした）
同族目的語構文の解釈としては，出来事の初めから終わりまでが表され，出来事

(18) a.　Three girls smiled a wicked smile.

　　　　（3 人の女の子たちが意地悪な笑顔を浮かべた）

　　b.　*Three girls arrived a frightening {arrive, arrival}.

というわけで，自動詞の下位区分について考えてみることにしましょう。

　自動詞の中には，非能格動詞と呼ばれる主語の意図的な動作・活動，非意図的で生理的な活動を表す動詞と，非対格動詞と呼ばれる人間の意志が関わらない活動を表す動詞があります（Perlmutter and Postal (1984: 98)）。

────────

の結果が表現される解釈（(18a) でいえば，3 人の女の子たちが笑い，意地悪と評されるような結果となった）と，出来事に焦点が当てられ，同族目的語を修飾する形容詞が副詞のように解釈される場合（(18a) でいえば，3 人の女の子たちの笑うさまが意地悪であった）の 2 種類があります。非能格動詞が同族目的語構文をとる場合にはこの 2 種類の解釈が可能で，非対格動詞の場合，副詞的な解釈（つまり後者）の場合に同族目的語構文が可能な場合があるのです。前者の結果的な解釈の場合，同族目的語は通常の目的語位置（つまり，動詞の補部）に生起するのですが，後者の場合，副詞の位置（つまり，動詞の付加部）に生起すると考えられるのです。同族目的語のように見える要素が副詞として機能する証拠としては，同族目的語とは関係のない目的語も使用できること，修飾部として働く前置詞句で置き換えられること，同族目的語を主語として受動態にできないことなどが挙げられます（Nakajima (2006)）。

　　(ii) a.　The tree trunk grew a century's expansion in only ten years.

　　　　　（木の幹がほんの 10 年で 1 世紀分の成長をした）

　　　b.　The tree trunk grew by a century's expansion in only ten years.

　　　　　（同上）

　　　c.　*A century's growth was grown within only ten years by the tree trunk.

この種の 2 種類の同族目的語構文の詳しい分析については，Nakajima (2006) を参照してください。

(19)　非能格動詞

    a.　意図的な行為：work, play, speak, talk, smile, think, ski, swim, walk, quarrel, fight, knock, hammer, cry, bow, cheat, study, laugh, dance, shout, bark

    b.　非意図的な生理現象：cough, sneeze, hiccough, vomit, sleep, breathe

(20)　非対格動詞

    a.　形容詞[11] や状態動詞

    b.　burn, fell, drop, sink, float, slide, drip, tremble, flourish, roll, boil, melt, freeze, darken, rot, increase, decrease, grow, evaporate, collapse, die, open, close, break, explode

　さて，非対格動詞の中には他動詞用法，つまり自他交替を許す能格動詞と呼ばれるような動詞もあります。自動詞用法では，他動詞では目的語であったものが主語になるという特徴があります。(20b) の中に含まれていますが，break や open がその代表格です。break の例はすでに (15) にありますが，以下に open の例も挙げておきましょう。the window が他動詞の時には目的語で，自動詞の時には主語として使用されています。

(21) a.　Sarah opened the window. (サラが窓を開けた)

    b.　The window opened. (窓が開いた)

日本語の自他交替を許す動詞は種類が多く（有対動詞），また語基の音韻変化によって区別できることもあるのですが（e.g. 開く，閉まる（自動詞）vs. 開ける，閉める（他動詞）），英語では音韻上の変化があるわけではありません。

---

　[11] ここでは，動詞というよりは，述語という捉え方をしたほうがいいかもしれません。Perlmutter and Postal (1984) は叙述形容詞による述部を非対格動詞の一部に加えています。

　他動詞用法の時には目的語（対象，話題，主題など行為を被るもの）であったものが，非対格動詞では主語として使用されています。2.2 節で中間態という現象を扱いましたが，非対格動詞も似た現象であると言うことができます（後者の場合には，特定の副詞は必要とされず，現在形に限定されないという違いがあります）。この辺りの事実は，動詞それぞれの雛形のようなものを，語義と共に覚えていく必要があるということかもしれません。

　非能格動詞と非対格動詞を区別すると，どのような利点があるでしょうか。まず，there 構文で使用できるのは発生や存在の意味を表す動詞に限られるため，（17）に挙げたように非対格動詞が there 構文で使用することができ，非能格動詞はできないと言うことができます。（ただし，非対格動詞のすべてが there 構文で使用できるわけではありません）

　また，（18）で扱ったような同族目的語を取れるのは非能格動詞に限られ，非対格動詞ではないと言うこともできます。同族目的語構文を取ることのできる文では，主語は何かの意志を持って行為を行う行為者であるのが基本だからです。

　さらに，過去分詞による名詞修飾は，基本的に節の中で目的語として使用できるものを対象としますから，非対格動詞の過去分詞形の名詞修飾は可能でも，非能格動詞は不可能ということになります。これは，他動詞用法が基礎にある動詞であれば過去分詞として名詞修飾に使用できるということと理屈は同じになります。また，受動的な意味は他動詞を基盤にしていますから，自動詞である非対格動詞を基礎にした過去分詞は受け身の意味ではなく，完了の意味を表すのが基本になります。ですから，修飾相手の名詞とは主語と述語の関係があることになります。

(22)　非能格動詞の過去分詞
　　　a. *a run man
　　　b. *a coughed patient

66

(23)　非対格動詞の過去分詞
  a.　a fallen leaf（落ちた葉，落ち葉）→ a leaf（was）fallen
  b.　a collapsed tent（倒れたテント）→ a tent（was）collapsed

他動詞を基盤にした過去分詞は，（24a）のように基本的には受け身の意味になります。自他交替を許す break のような例ですと，受け身と完了の両方の意味があります。know のような状態動詞の過去分詞は「知られている」という状態の意味を表しますが，これは基礎になっている主述関係を復元してみるとよく分かるのではないかと思います。

(24)　他動詞の過去分詞
  a.　a stolen bag（盗まれた鞄）→ a bag（was）stolen
  b.　a broken vase（壊された壺，壊れた壺）→ a vase（was）broken
  c.　a well-known writer（著名な（よく知られた）作家）→ a writer（was）known well

ここからは，統辞レベルの話になりますが，主語と目的語が交替するのは，能動文と受動文が有名です。

(25) a.　John helped Mary.（ジョンはメアリーを助けた）
  b.　Mary was helped by John.
     （メアリーはジョンによって助けられた）

受動文では，動詞受動文（verbal passive）のほかに形容詞受動文（adjectival passive）があるということが知られています。動詞受動文は典型的に出来事を表し，（25）のように「助けた」という出来事が表現されます。一方で，以下のような「知られていない」「困っている」という状態を表すものは，形容詞受動文と呼ばれます。

(26) a.　His work is unknown to everybody.
     （彼の仕事は皆には知られていない）

　　b.　They were very worried.（彼らはとても心配している）

un· という否定の意味を表す接頭辞は形容詞にしかつきませんから,[12]（26a）は形容詞受動文ですし,very という副詞は程度を表す形容詞を修飾しますから（26b）も形容詞受動文だと考えられます。動詞を修飾する場合,very much が使われるからです。なお,必ずしも,状態の意味であれば形容詞受動文ではないということにも注意が必要です。

　　自動詞が他動詞に転換されることによって,使役的な意味を持つこともあります。たとえば,walk には他動詞として「歩かせる」という意味もあります。

(27) a.　The dog walked round the block.
　　　　（犬が街区の周りを歩いた）
　　b.　We walked the dog round the block.
　　　　（私たちは犬に街区の周りを歩かせた）

他動詞で使うことが多い動詞に前置詞を加えることで,自動詞にしてしまうこともあります。その場合,特殊な意味が加えられることが多いです。たとえば,以下の例では,at があると「彼に向けて」という意味に主眼があり,銃を撃って「殺した」というところまでは推意として持たないと考えられます。

(28) a.　She shot him.（彼女は彼を撃ち殺した）
　　b.　She shot at him.（彼女は彼に向けて銃を撃った）

移動動詞は移動する場所を目的語にとることができますが,前置詞が加わって自動詞になることで,意味が変わることもあります。た

---

　　[12] 動詞につく un· は,語基で表された動作とは反対のことをするという意味を表します。
　　(i) a.　lock（鍵をかける）→ unlock（鍵を開ける）
　　　　b.　dress（服を着る）→ undress（服を脱ぐ）

68

とえば，（29a）は上まで登り切ったのかどうかは定かではありません が，（29b）は up が加わることによって，登り切ったというとこ ろまでの推意を持つのが普通だと考えられています。

(29) a.　She climbed the tree.（彼女は木に登った）
　　 b.　She climbed up the tree.（彼女は木を登り切った）

というわけで，今回は自動詞と他動詞，特に2種類の自動詞と自 他交替について分析してみました。この種の動詞の区別は言語学で は実り豊かな研究成果が挙がっていますが，英語教育の分野ではあ まり活用されている印象はありません。また，動詞の区別は学習者 が第一に躓くポイントでもありますから，適宜アンテナを張ってお く必要があると思います。

自動詞と他動詞
・他動詞の目的語が主語になる非対格動詞という自動詞がある。
・非対格動詞は人の意志が関わらない活動を表し，非能格動詞は 　主語の意図的な動作・活動などを表す。
・他動詞になることで使役的な意味が加えられたり，前置詞や副 　詞が特殊な推意を加えるような用法がある。

2.5.　他動詞に目的語がない時，自動詞に目的語がある時

　通常は他動詞で使われる動詞が，目的語をとらずに自動詞として 使われることがあります（Huddleston and Pullum (2002)）。主語は同 じですから，2.4 節で扱ったような能格動詞の自他交替ではないこ とに注意してください。

(30) a.　She drank some water.（彼女は水を飲んだ）
　　 b.　She drank.（彼女は飲んだ）

(30a) では drink が some water を目的語にとっていますが，(30b)

では目的語がありません。そして，目的語がない場合，drink は「お酒を飲む」という意味で使用されます。これは日本語でも「飲もう，飲みに行こう」といえば「お酒を飲む」という意味になるのと同種の現象です。一般的に，他動詞でよく使う動詞が自動詞で使用される場合，行為そのものに焦点が当てられ，特定の何かをするという意味になりません。たとえば，(31a) では読書という行為に焦点が当てられているので，何を読んでいるのかは問題になっていません。また，expect に目的語がなく自動詞になると，何を予期，期待しているのかといえば，「子供」ということで，「妊娠している」という意味になります。[13]

(31) a.　I am reading. (読書をしています)
　　 b.　She's expecting again. (彼女はまたおめでただ)

他動詞といえば必ず目的語が必要かといえばそういうわけでもなく，状況で特定できる場合には省略されます。たとえば，They won the game. (彼らはその試合に勝った) も，その試合が文脈から明らかであれば They won. という目的語を省略した自動詞用方も可能です。言語研究者が英語の参考書を見て，「他動詞には必ず目的語が必要」と書かれているとモヤモヤしてしまうのはそのせいです。専門家は断言するのが苦手なのです。

　他動詞が目的語を必要としない現象の反対，つまり自動詞が目的語をとるという現象に，2.4 節でも話題にした同族目的語構文という現象もあります。(32b) では，a sound sleep という名詞を sleep という動詞が目的語にとっています。

(32) a.　I slept soundly. (深く眠れた)
　　 b.　I slept a sound sleep. (熟睡できた)

自動詞が他動詞化する現象として，結果構文というものも知られて

---

[13] NHK 連続テレビ小説の「カムカムエヴリバディ」にも出てきたセリフです。

います。結果構文とは二次述語（つまり，SVOC の C）に結果を表す表現を使用するもので，他動詞だけではなく自動詞（特に非能格動詞）でも目的語が存在することがあります。(33a) の break が the vase を目的語にとるのは結果述語である into pieces の有無に左右されませんが，(33b) では his soles という目的語を run という自動詞がとれるのは thin という結果述語がある場合に限られます。つまり，thin が取り除かれれば，run は一般的に his soles を目的語にとることができません。同様に，(33c) では，tired という結果述語がある場合にのみ，run は himself を目的語にとることができるようになります。

(33) a. They broke the vase into pieces.
        （彼らは花瓶を壊して粉々にした）
    b. The jogger ran his soles thin.
        （そのジョギングする人は，走って靴の底が薄くなった）
    c. He ran himself tired. （彼は走って疲れた）

ほかにも way 構文といって，他動詞も自動詞も way を目的語にとるような構文があります。

(34) a. He made his way into the bathroom.
        （彼はバスルームに入った）
    b. He elbowed his way through the crowd.
        （彼は肘で人混みをかき分けて進んだ）

というわけで，他動詞から目的語がなくなったり，自動詞に目的語が出現したりする例でした。この種の動詞交替や構文についての言語学的分析は，Levin and Rappaport Hovav (1995) などを参照してください。また，日本語や日英比較については影山 (1993)，影山・由本 (1997)，影山 (2001)，岸本 (2005) などを参照してください。

2.6.　SVC 文型：措定文と指定文

　「S＝C の関係になるような文型を SVC といいます」という説明が学校英文法では一般的ですが，はたしてどうなのでしょうか。これは筆者が昔，ずっと疑問に感じていたことですし，少し踏み込んで考えていきたいと思います。以下の例文は，すべて SVC 文型として分析されるものです。

(35) a.　Jenny is smart. (ジェニーは賢いです)

　　　b.　Jenny is a student. (ジェニーは学生です)

　　　c.　Jenny is our leader. (ジェニーが，我々のリーダーです)

(35a) では，S＝C という想定とは異なり，Jenny という特定の人と smart「賢い」という人や動物の特性を表す表現がイコールというのは直観に合う気がしません（そもそも，名詞と形容詞で品詞が違います）。また，(35b, c) ではイコールの関係が成立しているのは間違いありませんが，その性質にはかなり違いがあるように感じられます。

　(35b, c) は C に名詞が使用されている例ですが, (35b) は (35a) に比較的近く，a student であるという特性が，Jenny という人に帰するという解釈になります（a student で示される集合の中に，Jenny が含まれるという解釈になります）。ちょうど，(35a) で smart という特性が Jenny に帰するという形になっているのと同じです（smart で示される集合の中に，Jenny が含まれるという解釈と同じです）。つまり，同じ SVC 文型でも，(35a, b) は Jenny に関する特徴付けが行われており，「Jenny が誰か」という問題を扱っていないと言うことができます。一方で，(35c) では厳密なイコール関係が存在しているように感じられ，Jenny の特性については触れずに，我々のリーダーであることを特定化している意味を表しています。専門用語では，(35a, b) は措定文といい，(35c) は指定文と呼んでいます。日本語では「が」と「は」の区別がありま

すから，指定文の訳文で「が」が使用され，措定文では「は」が使用されているのに注意してください。「は」を使用することでジェニーがトピック[14]であることが示され，ジェニーに関する叙述が述語で表されていることを確認してほしいところです。一方で，「が」が使用されると，ジェニーに関する特性はあまり強調せずに，単にリーダーであるという事実が示されています。また，指定文の(35c)で「は」を使用した上で語順を変え，「我々のリーダーは，ジェニーです」と訳すこともできます。リーダーという特性をトピックにした上で，それにジェニーが当てはまるという解釈です。措定文で使用されている主格補部，つまり(35a)の smart と (35b)の a student は述語で，主語に関して新たな情報を付け加えるのが基本的な働きですから，(36a, b) で示すように主語と補語の語順を入れ替えることは基本的にできません。[15] 文頭にある情報はトピックであることが多く，文脈上，既知の情報がきやすいからです。一方，(36c)にあるように，指定文では容易に主語と補語を入れ替えることができます。同じ事情は日本語訳のほうでも当てはまります。なぜなら，指定文では Our leader という情報はトピックになっても問題ないからです。

(36) a. #Smart is Jenny.

    b. #A student is Jenny.

    c. Our leader is Jenny.

       （我々のリーダーがジェニーだ／ジェニーは我々のリーダーだ）

もちろん，措定文なのか指定文なのかという区別が厳密にできず，曖昧な例もあります。Huddleston et al. (2021) の例を見てみま

---

[14] 文全体で，何について話をしているかという部分のことです。

[15] 既出ですが，# は意味論的・語用論的に不自然な文に対して示される記号です。実際，(38) で例を挙げますが，措定文で述語を文頭に置くことは文脈次第では可能になることがあります。

しょう。ここでは，従属節内を問題にしています。

(37) I thought he was a friend of mine.
　　　（私は彼を友人だと思っていた）

この文の thought の目的語にあたる従属節部分では SVC 文型が使われていますが，措定文なのか指定文なのかで解釈が異なってくることになります。つまり，「私が思っていた」のが彼の特性に関する述語表現なのか，彼の同一性であるかで解釈が変わることになるわけです。まず，a friend of mine が属性的で，he に関する属性を述べている措定文の解釈であると考えれば，「彼は友人だと思っていたのに（彼は私を友人だと思っていなかった）」という少し残念な意味になります。一方，a friend of mine が指定的で，he とイコールではなかったという指定文の解釈では「彼を友人だと思ってしまったけど（勘違いで他人でした）」という意味になります。人違いで声をかけてしまったような状況で使用されます。なお，どちらの解釈になるかは，文脈をみてみないとわかりません。

　さて，措定文では原則，倒置はできないと言いましたが，実は文脈により可能なことがあります。それは，述語名詞句の部分が文脈上すでに既知であり，主語が新しい情報を担う以下のような例です (Mikkelsen (2005))。デフォルトでは，述語は新しい情報を担うために文頭に移動するのが好ましくなかったわけですが，文頭にくる理由があれば問題はないわけです。以下の例では，a nice woman は第1文で示されていますから，第2文では a nice woman がトピックのように解釈されるために主語に先行することができるようになっているわけです。

(38) She is a nice woman, isn't she? Also a nice woman is our next guest. （彼女，素敵な女性でしょう。また，素敵な女性として私たちの次の招待客がいます）

措定文でも指定文でも統辞的には倒置が可能なのであれば，措定文

が倒置されている場合と指定文が倒置されている場合を区別できるのでしょうか。それは，動詞の呼応が違う場合にはっきりすることがあります。Heycock (2012) が指摘しているように，指定文が倒置されている場合には，be 動詞の呼応は先に来ている名詞句と一致します。すなわち，(39a) では The culprit, (39b) では The real problem に反応して 3 人称単数の is が使用されます。(39a) では，主語が me と 1 人称，(39b) では主語が your parents と複数でありながら，be 動詞は 3 人称単数の is が使用されていることを確認してください。[16]

(39) a. The culprit is me.（私は犯人です）

　　b. The real problem {is, *are} your parents.
　　　（あなたの両親は本当に問題です）

以下の例でも，先行している名詞句と一致があるということがわかります。(40a) では判然としませんが，(40b) では複数形の名詞に

---

[16] この文の分析は少々複雑です。まず，主語と主格補部が一つのまとまりとして生成され節となり，その後，主語ではなく主格補部の名詞句が統辞的に存在する主語の位置，すなわち TP の指定部に移動することで be 動詞と呼応の関係が成立することになります。つまり，呼応を引き起こす要素は統辞的に主語の位置に存在するということが言えるわけです。以下は派生のプロセスを省略した樹形図で，The real problem が TP のすぐ下の左側，つまり指定部にきていることを確認してください。なお，TP は Tense Phrase の略で文，DP は Determiner Phrase，VP は Verb Phrase のことを表しています。

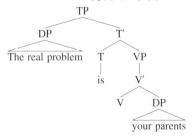

反応して are になっているのを確認してください（Moro (2017)）。

(40) a.　A picture of the wall is the cause of the riot.
　　　　（暴動の原因は壁の絵です）

　　b.　Some pictures of the wall {are, *is} the cause of the riot.（暴動の原因はいくつかの壁の絵です）

しかしながら，措定文が倒置されていると思われる (41) の場合，be 動詞は後ろにある factory closing and house repossessions に反応して，複数形で呼応するのです。

(41)　Delinquency is a threat to our society.　Also a threat {are, *is} factory closing and house repossessions.
　　　（滞納は私たちの社会にとっての脅威です。また，脅威になるのが，工場の閉鎖や家の差し押さえです）

また，主語には定的なものが使用されるのが普通で，不定冠詞がついた名詞が主語になることは珍しく，one などが使用されるのが普通です（Heycock (2012)）。

(42) a.　I had been struggling with a complicated set of data …
　　　　（複雑なデータでずっと苦労していたのですが）

　　b.?*A problem was particularly hard.

　　c.　One problem was particularly hard.
　　　　（一つの問題が特に難しかったです）

　　d.　{?A / One} problem that I came across right at the beginning was that we didn't understand all the parameters.（最初の頃の問題点の一つは，すべてのパラメータを理解していないことでした）

　既出ですが，措定文では語順の入れ替えが限られており，以下のようにできないことが多いです（ibid.）。

(43) a. {She, Everyone here} is {in a vulnerable situation, re-
markable, a brilliant flautist}.

（{彼女は，ここにいる人は皆｝{脆い立場にあります，注目すべ
きです，すばらしいフルート奏者です｝）

　 b. *{In a vulnerable situation, remarkable, a brilliant flau-
tist} is {her, everyone here}.

というわけで，指定文は特に文脈上の要請がなくとも倒置が可能，
措定文は情報構造上の要請がある場合に可能ということが言えそう
です。また，呼応は指定文の場合には先行する名詞句，措定文の場
合には後続する主語に反応するということが言えます。

　さらに難しい問題に踏み込んでみましょう。指定文は容易に倒置
が可能ということでしたが，そもそも指定文に基本的な順序はある
のでしょうか。これに関しても，Heycock (1995) が興味深いコン
トラストを提示しています。(44a) は基本になる指定文で，(44b)
はその語順を入れ替えた文に当たります。この文を基礎に，SVOC
文型の OC の箇所に使用したとしましょう。すると，to be がある
場合には基本語順の (44c) でも，倒置した場合の (44d) でも文法
的になります。しかし，to be を除いた場合，基本語順の (44e) だ
けが文法的で (44f) が非文法的ということになります。これは，to
be が存在している場合，すなわち John to be the culprit と the
culprit to be John というかたまりが，実は to be を中心とする動
詞句（ないしは節）であり，to be がない場合には純粋な OC 部分
であるということを示唆しているという例でもあります。つまり，
(44a, b) ですでに示したように，節である場合には指定文の倒置
が可能ですが，それ以外では不可能ということになり，指定文にも
基本語順が存在するということを示している例であるということに
なります。

(44) a.　John is the culprit. （ジョンは犯人です）

　 b.　The culprit is John. （犯人がジョンです）

    c. I consider John to be the culprit.（ジョンは犯人だと思います）

    d. I consider the culprit to be John.（犯人がジョンだと思います）

    e. I consider John the culprit.（ジョンは犯人だと思います）

    f. *I consider the culprit John.

準動詞句は節なのかどうかという問題は 3.1 節で扱います。次の 2.7 節と 2.8 節では，SVOC 文型について考えていきたいと思います。

SVC 文型

・SVC 文型には措定文と指定文の場合があり，C に形容詞が使用できるのは指定文の時のみ。

・指定文はイコール関係を示し，S と C の順序を入れ替えることが比較的容易。動詞の呼応は先行する名詞句に合わせる。基本語順として S が C に先行する理由はある。

・措定文は，述語部分がトピックになりえる場合に S と C の順序を入れ替えることが例外的に可能。動詞の呼応は主語に反応するので，語順が入れ替わっている場合にも，後続の主語である名詞句に合わせる。

2.7.　SVOC 文型

　文型に関する話として，一番大きな課題は SVOC 文型にまつわる話です。(45) にあるように SVOC 文型では，OC の間に意味上の主語と述語の関係があるとされ，日本の英語学習者の間でも，まず初めの大きなハードルとして立ちはだかる文型とされています。

(45)　Hiking makes many people happy.
　　　　（ハイキングは，多くの人を幸せにする）

さて，ここで 5 文型とは何かという問題について改めて考えてみることにしましょう。基本 5 文型は，英文の要素を分解し，その

78

かたまり毎に文法的な役割を当てていく形の文法になっています。そして，語彙範疇に注目しているわけではありませんから，たとえば以下の例にある通り，目的語（O）になれる要素を考えてみても様々な語彙範疇がありえることになります（江川 (1991)）。[17]

(46) a. I believe you.（君の言うことは本当だと思う）［代名詞］

b. I believe what you say.

（君の言うことは本当だと思う）［名詞節］

c. He decided to retire.（彼は引退することに決めた）［to不定詞句］

d. He decided that he would retire.

（彼は引退することに決めた）［名詞節］

e. I enjoyed baseball.（野球楽しかったよ）［名詞］

f. I enjoyed helping you.（手伝いをして楽しかったよ）［動名詞句］

5文型の考え方が身についてしまえば，これらを SVO 文型として分析するのはそれほど難しいことではないかもしれません。しかし，これらの文を分析するためには，what 節や that 節が目的語の働きをしたり，to 不定詞句や動名詞句が目的語の働きをすることがあるということを事前に覚えておかないといけないことになります。その延長で，to 不定詞には名詞的用法があったり，形容詞的用法，副詞的用法があったりするということも記憶して使いこなせるようにならないといけませんし，doing のかたまりにもこれら3種類の用法の使い分けが存在するということを把握しておかないといけないということにもなります。

　一方で，動詞に後続する要素としてどのような形が選ばれるのかという問題は，動詞の語法の問題になるため，decide の後ろには to 不定詞がこられても動名詞は不可能，enjoy の後ろには動名詞がこられても to 不定詞は不可能といった問題は，どのみち個別に覚

---

[17] 2.1 節で同種の問題意識について考えましたから，ここは復習のようになっています。

える必要があります。

　これらは動詞自体が持つ性質のようなものなので，たくさん使用してその用法を地道に覚えておかないといけないものです。そのため，(46) を SVO に分類するのは 5 文型において 5 つの型に分類する方法を体得すること自体には（動詞のとる構造さえ分かれば）たいして意味がないのではないかと考えられます。つまり，5 文型という分類は余計な知的負荷をかけるだけのことであるという可能性があるわけです。

　さらに，(46) では「目的語に名詞がくる」とは書きましたが，名詞句や名詞節など様々な可能性があります。また，補語の位置にくる現在分詞や過去分詞はどう扱うことになるのでしょうか。一応は，分詞の形容詞的用法で C になるという「説明」はありうるのかもしれません。

(47) a.　We found her lying face down.

　　　　（彼女がうつぶせになっていたのを発見した）

　　 b.　Keep your eyes closed.（目を閉じていなさい）

そして，参考書によっては to 不定詞や原形不定詞も SVOC 文型に分類しているものもありますし，学習指導要領もそういう記述になっています。OC に主述関係があることを重視したものと思われますが，to 不定詞や原形不定詞の名詞的用法，ないしは形容詞的用法として分類することの意義はなんでしょうか。単純に，S V O to *do* ～，S V O *do* ～ という動詞型ということで処理したほうが理解が深まるように思われますし，そのように記述するほうがシンプルに感じられます。たとえば，以下の用例において，下線部を引いた準動詞句を C に分類するといろいろな問題が生じることになります。

(48) a.　I want people to be more environmentally friendly.

　　　　（人にもっと環境に優しくなってもらいたい）

    b.   This medicine makes people <u>feel energised</u>.
        （この薬は人を精力的にする）

下線部はそれぞれ動詞を中心としたまとまりですが，特に名詞や形容詞としてのステータスを持っているわけではありません。（名詞なら形容詞に修飾され，形容詞ならば very などに修飾されることが可能なはずですが，事実はそうではありません。）また，C として分類されている to be や feel に補部である friendly や energised が後続していることにも説明がつきません。名詞や形容詞は形容詞を補部に選択しないからです。下線部はあくまで動詞を中心としたかたまりですから，それを無理に SVOC 文型に分類するために名詞や形容詞であると言っても仕方がないのです。なお，これらは非定形の動詞を中心とした非定形節に分類されますから，(48) の例文は実質的に複文構造を形成していることになります。なお，準動詞句が非定形節であるということに関しては 3.1 節で扱います。

  SVOC 文型
  ・SVO 文型の O，SVOC 文型の C には実際にはいろいろな要素がこられる。
  ・SVOC 文型の雛形に無理矢理あてはめるよりは，述部の構造という視点から英文を分析したほうが理解が深まる。

2.8.　理論言語学で扱われている SVOC 文型

  前節で扱ったように，SVOC 文型では OC の間で主述関係が観察できます。というわけで，以下の 2 文はほぼ同意であると見なせます。

(49) a. John found that Mary is kind.
        （ジョンはメアリーが親切だと思った）
    b. John found Mary kind.（ジョンはメアリーが親切に思えた）

構造的な問題として，that Mary is kind は名詞節なのでかたまり扱いですが，Mary kind のほうはどうでしょうか。これを一つのかたまりと見なすのか，Mary という O と kind という C が別々にあると考えるほうがよいのでしょうか。イェスペルセン（2006）は，これら主述関係の結びつきを広く「ネクサス」と呼んでいました。ネクサスの結合の結果，構造的なかたまりになるのか，そうではないのかという問題と考えることもできるかもしれません。

　OC をひとまとまりとして考える有名な研究に，Stowell（1981）があります。この論文では，主語というものが節や名詞句だけではなくあらゆる範疇に存在するというのが大きなテーマの一つなのですが，このテーマに沿って，以下の SVOC 文型の OC は小節という小さなまとまりであると述べています。つまり，形容詞句，前置詞句，動詞句のそれぞれのかたまりに主語が存在するというわけです。

(50) a.　I consider John very stupid.
　　　　　（ジョンがとても愚かだと思う）［形容詞句］

　　 b.　I expect the sailor off my ship.
　　　　　（船員が船から下りると思う）［前置詞句］

　　 c.　I feared John killed by the enemy.
　　　　　（ジョンが敵に殺されるのではないかと思うと怖かった）［動詞句］

小節という考え方を導入すれば，OC はひとまとまりになっているので，下線部で表されたような副詞句が介入しないという事実が説明できるようにもなります。このまとまりを切ってしまうような要素を入れることができないわけです。

(51) a.　*I consider the mayor myself very stupid.
　　 b.　*I want him very much off my ship.

また，小節の OC がまとまりであることから，述語動詞による選択制限を受けることになります。以下の文では，主節の expect が

82

前置詞句を選択することができるので（52a）は文法的，一方で形容詞句は選択できないので非文法的という説明がなされています（ibid.）。

(52) a. I expect [that sailor off my ship].
　　　　（私はあの船員が船から下りると思います）
　　 b. *I expect [that sailor very stupid].

この種の選択制限が存在するのはなぜでしょうか。一つの見解として，Kitagawa（1985）による主節動詞と小節との間に意味上の制約があるからという主張があります。expect は（52a）に示されている通り，事態の変化の小節を補部にとりますが，consider は事態の状態を選択する特徴があります。この種の選択制限と例文を挙げると，consider, think, deem, declare, find, pronounce は事態の状況を表す小節を選択し，expect, declare, pronounce[18] は事態の変化を表す小節を選択するということがわかっています（大庭（2011））.

(53) a. I consider this discussion useless.
　　　　（この議論が無駄だと思います）
　　 b. I consider him a jerk.（彼が間抜けだと思います）
　　 c. I consider Mary out of humour in the morning.
　　　　（メアリーが午前中は不機嫌だと思います）
　　 d. I consider your daughters grown up.
　　　　（娘さんたちが大きくなりましたね）
(54) a. *I consider the patient dead by tomorrow.
　　 b. *I consider the sailor off my ship.

---

[18] declare と pronounce のふるまいは似ており，どちらも事態の状況と事態の変化の両方が後続できます。また，小節の部分はどちらも *do*ing と *do*（原形）はこられませんが，形容詞句，名詞句，前置詞句，過去分詞句がこられます（大庭（2011））。

c. *I consider the murderer arrested soon.

この辺りが，英語教育で触れられる境界線といったところでしょう
か。とりあえずは，OC のまとまりにどのようなものがあるのか，
そしてメインとなる述語動詞の存在とは無関係に意味上の主述関係
が成立しうるという事実は知っておいて損はないでしょう。[19]

　さて，言語学的に少し踏み込んで考えると，主述関係の形成に関
して OC が一つのまとまりをなしているかどうかは必須の要素で
はありません。O と C が構造的には別物で，主述関係は後付け的
に考えても問題はありません。Williams (1983) は，O と C は構
造的には別々だと主張しています。その理由の一つに，小節要素の
中で主語が新たに入る以下の例が小節分析では問題であるという事
実があります。

(55)　John considers [Bill [Bob's friend]].
　　　（ジョンはビルをボブの友人だと思っている）

Bob's friend という名詞句のかたまりが一つあり，この名詞の範疇
内で主語は Bob's だけなはずなのに（小節分析では，範疇毎に主
語が一つだけという条件があるため），さらに Bill という主語が
friend を主辞とする名詞句の中にあるのが経験的に問題とされてい
たのです。ほかにも，wh 移動では最大投射範疇[20] のまとまり（つ

---

[19] いわゆる付帯状況の with の後ろに OC のまとまりがこられるのはこのため
だと考えられます。

[20] ある任意の範疇 X が，それ以上拡大しない大きさになった句のことです。
たとえば，(55) で Bob's friend は friend を主辞とする名詞句で，かつこれが
ひとまとまりでこれ以上大きい構造にはならないので最大投射範疇ということに
なります。また，Bill は単独の名詞ですが，他に要素がついているわけではない
ので，最小投射範疇でありながら，最大投射範疇でもあります。仮に小節部分が
Stowell の言うひとまとまりの最大投射範疇であるとすれば，Bill Bob's friend
が最大投射範疇となり，これが wh 語となって wh 疑問文を形成することがで
きると予測されてしまいます。しかし，(56) の例が示しているとおり，O と C

まり，ここでは OC）が移動できると予測できるはずなのに，O と C が別々に移動できるのも問題であると Williams は指摘しています。つまり，構造的には O と C がそれぞれ別々に最大投射範疇であると考えられるというわけです。

(56) a. What_i does John consider [Bill ~~what_i~~]?
     （ジョンはビルを何者だと思っているの）［what_i は ~~what_i~~ の所に元々あり，それが文頭に移動したと分析される］

   b. Who_i does John consider [~~who_i~~ stupid]?
     （ジョンは誰が愚かだと思っているの）［who_i は ~~who_i~~ の所に元々あり，それが文頭に移動したと分析される］

英語教育という文脈では OC における節関係のまとまりを教えたいところなので，範疇毎の構成がどのようになっているかまであまり詳しく述べる必要はないでしょう。なお，小節が投射範疇として存在するかどうかに関しては理論言語学でかなり詳細な議論があり，一言ではまとめるのも困難なくらいです。90 年代にはとても人気のある話題でした。

　SVC 文型の指定文の議論の際，指定文を OC の中に入れ，to be があれば語の入れ替えが可能，なければ不可という話をしました。

(57) a. I consider John to be the culprit. （ジョンは犯人だと思います）
   b. I consider the culprit to be John. （犯人がジョンだと思います）
   c. I consider John the culprit. （ジョンは犯人だと思います）
   d. *I consider the culprit John.

to be の有無で他に違いはあるのでしょうか。結論を言えば，ある程度はあります。たとえば，to be があれば consider の後で前置詞句を持ってくることはできますが，ない場合には不可能です

はそれぞれが別々に最大投射範疇なので，別々に wh 疑問文を形成することができています。

(Stowell (1981))。

(58) a.　I consider [John to be off my ship].
　　　　　　（ジョンが船を下りると思います）
　　　b.　*I consider [John off my ship].

ほかにも，以下の He を主節の主語の位置に繰り上げる場合，to be があれば可能ですが，なければ非文法的になります (ibid.)。[21]

(59) a.　He$_i$ is expected [~~he~~$_i$ to be very angry].
　　　　　　（彼がとても怒ると思われています）［He$_i$ は元々 ~~he~~$_i$ にあったものと分析］
　　　b.　*He$_i$ is expected [~~he~~$_i$ very angry].
　　　　　　［He$_i$ は元々 ~~he~~$_i$ にあったものと分析］

ゆるく一般化すると，to be がある場合のまとまりは，より一般的な節に近いもので，主節動詞との結びつきが緩やかなのに対して，小節の場合にはその主語が主節動詞の目的語という扱いになりますから，主節動詞が選ぶパタンに従う，つまり選択制限があるために結びつきが強いと言うことができます。

　小節を他の節と比べると，意味的にはどういう違いがあるでしょうか。Givon (1993) では動詞の後続要素の長さ・距離・語の多さが，概念的・認識的長さと相関関係があると主張されています。というわけで，直接経験から「わかった」という場合には小節の (60c) が好ましく，他人の噂を聞くなど最も間接的な証拠から判断して「わかった」場合には定形節の (60a) が好ましく，to 不定詞の (60b) はその中間ということになります。

(60) a.　I found that Mary is kind. (メアリーは親切だと思った)
　　　b.　I found Mary to be kind. (メアリーは親切に思えた)

---

[21] 3.3 節の繰り上げ構文とコントロール構文も参考にしてください。

86

 c. I found Mary kind.（メアリーは親切に思えた）

このニュアンスの差は実際にどこまで反映されているかわかりにくいですが，Wierzbicka (1988) は，to 不定詞がある場合には意図・期待が強調されるため，want や expect と相性がよく，consider は現在についても言及できるため to be がなくともよいと言っています。

(61) a. I want him *(to be) president.
   （彼が会長になってほしいと思います）
 b. I expect him *(to be) intelligent.
   （彼が知的だと見込んでいます）
 c. I consider him (to be) intelligent.
   （彼が知的だと思っています）

最近の英語では consider の場合に to be を省略するほうが普通になってきましたので，この意味の隔離が英語母語話者によりはっきりと意識されるようになってきたのかもしれません。

 ほかに，分析としては SVOC 文型になりますので，二次述語と呼ばれる現象についても触れておきましょう。[22] (62a) では the meat raw の間に主語と述語の関係が成立しているように見えますが，(62b) では事情が違うように感じられます。

(62) a. John ate the meat raw.（ジョンは肉を生で食べた）
 b. John drove the car drunk.（ジョンは酔っ払って車を運転した）

通常の SVOC 文型では，C の部分がなくなると意味が変わってしまう（e.g. John considers Mary.（ジョンはメアリーのことを考えている），I found John.（ジョンを見つけた））のに対して，二次述語と呼

---

[22] 二次述語は，もともと，述語動詞と関連を持っている要素（主語や目的語）に対して，二次的な叙述を行うものとして仮定されました。(62) のような例は描写述語，(63) のような例は結果述語として分類されています。

ばれる現象では動詞句の基本的な意味は変わらないとされていま
す。ですから，(62) から raw や drunk がなくなっても，ate や
drove の基本的な意味は同じです。また，二次述語と呼ばれる現象
では，二次述語部分が主節の主語と関連を持ってもよいので，
(62b) で drunk は John と主述関係にあります。このように二次述
語は付随的な要素と基本的には考えられているのですが，必要なこ
ともあります。2.5 節でも扱った，結果構文と呼ばれる現象です。
結果構文では，二次述語が結果状態を表します。

(63) a.　John hammered the metal flat.
　　　　　（ジョンは金属をハンマーで叩いて平らにした）
　　 b.　John ran himself tired.（ジョンは走って疲れた）

他動詞 hammered を使用した (63a) において，flat という二次述
語は付随的な要素に感じられることもありますが，(63b) では
tired を取り除くと非文法的になります（*John ran himself）。ran
は典型的な自動詞（非能格動詞）で，目的語は基本的にとらないか
らです。二次述語に関しては，理論言語学ではかなり多くの研究が
積み重ねられていますが，補文構造を教えるにあたって英語教育の
場でも役に立つでしょうか。

　というわけで，今回は SVOC 文型について，OC がまとまりを
なしているかどうか，to be の有無で違いはあるかどうか，C の部
分に対応する要素は付随的なこともあるという現象について少しだ
け議論してみました。

理論言語学における SVOC 文型
　・OC がひとまとまりで小節を作っているか，O と C は構造的
　　には別々で，主述関係は後から決められるか，どちらかの可能
　　性がある。
　・小節は，非定形節（to を含む）と比べて，統辞的ふるまいが変
　　わることがある。

2.9. 「意味順」

　さて，ここまではより専門的な話をするために，文構造に関する詳細な議論を展開してきました。基本5文型には齟齬がいくつかありましたし，また，語順が文法関係を表すという現代英語の基礎を教授する際に，品詞とその役割を初学者に習得させるのもなかなか難しいという実情がありました。ここでは，そういった問題を棚上げにして，学習者に文構造の基礎をシンプルにわかりやすく教えるための一つの方法を提示してみましょう。特に初学者に対して非常に有効な「意味順」と呼ばれる教育文法です。「意味順」は田地野(2011) などで提唱されており，品詞と文中での役割についてとりあえず複雑なことを考えなくとも，基本的な文構造のすべてをカバーできる文法になっています。これを分かりやすく紹介してみることにしましょう。

　言葉には語順があります。まずは，以下の日本語で考えてみましょう。

```
─例文1─────────────────
  1.  犬が私を咬んだ。
  2.  私を犬が咬んだ。
```

1も2も基本的な意味は変わりません。ほぼ同じであると言ってもいいでしょう。しかしながら，語順の点で対応する英語をみてみると，変わったことが分かります。

```
─例文2─────────────────
  1.  A dog bit me. （犬が私を咬んだ）
  2.  I bit a dog. （私が犬を咬んだ）
```

1はたまにあることですが，2のような状況はそれほど一般的では

なく考えにくい出来事です。もしかすると，ニュースになるような
ことかもしれません。ここで，「咬んだ」動作を行う動物のことを
「主語」，「咬まれる」対象になるもののことを「目的語」と呼びます
が，英語では bit という動詞の前にある要素が主語，後ろにある要
素が目的語になるという仕組みがあります。

　こういう言語を支える仕組みのことを文法と呼びます。そして，
1.3 節で議論しましたが，文とは文法で使用される単位の一つのこ
とで，「だれが」に対応する主語と，「する（です）」に対応する述語
から形成されるかたまりのことを言います。述語の後ろには，さら
にいろいろなかたまりが続くことができ，英語では以下のような並
びになります。この並びのことを「意味順」と呼びます。

> 意味順：だれが する（です）だれ・なに どこ いつ

文自体もかたまりですが，文はさらに個別のかたまりに分けること
ができ，この個別のかたまりにはそれぞれ決まった特徴がみられま
す。個別のかたまりは，大まかに分けると以下のようになります。

意味順スロット	入るもの
だれが	人，もの，etc
する（です）	する（行為・習慣），です（状態），etc
だれ	人，etc
なに	もの，etc
どこ	場所，位置，方向，etc
いつ	時間，期間，頻度，etc

表 2.3：意味順スロットと指し示すもの

意味順は，だれが する・です だれ・なに どこ いつ を英語の
構造の核とする英文法です。特にする（です）以降の要素をひっ

90

くるめて「述部」と呼ぶことができますが、この部分の並びは英語と日本語ではちょうど逆、つまり鏡に映した鏡像関係にあります。それを確認してみましょう。

述部の並び：英語と日本語

1. live~i~ in Fukuoka~ii~ now~iii~
   住んでいる　福岡に　　　現在
   現在~iii~ 福岡に~ii~ 住んでいる~i~
2. play~i~ badminton~ii~ in the gym~iii~ every day~iv~
   する　バドミントンを　体育館で　　　毎日
   毎日~iv~ 体育館で~iii~ バドミントンを~ii~ する~i~

右下のローマ数字で示されているように、□カッコでくくったかたまりが、日本語と英語ではちょうど逆の関係にあるということが確認できたでしょうか。また、前置詞句と呼ばれる in Fukuoka「福岡で」、in the gym「体育館で」の並びも前置詞が名詞の前（だから「前置詞」と呼ばれます）、日本語の助詞が名詞の後（「後置詞」という呼び名もあります）という鏡像関係にあることもわかります。[23]

　英語と日本語の並びが鏡像関係にあるということを確認しました

---

[23] 統辞論では、句構造の性質を定める主辞が補部に先行するタイプの言語を主辞先頭型、主辞が補部に後続するタイプの言語を主辞末尾型の言語と呼びます。英語はちょうど主辞先頭型に、日本語が主辞末尾型に対応しますので、動詞句では主辞の動詞が目的語に先行し、VO 語順になるのが英語、目的語に後続しOV 語順になるのが日本語ということになります。また、前置詞句・後置詞句に関しても同じ関係が見られることになります。つまり、VO 語順では前置詞句、OV 語順では後置詞句が採用されるのが基本です。言語理論では、すべての言語に共通する原理となる部分と、個別言語毎に異なるパラメータと呼ばれる可変部分があると想定されており、主辞を中心として補部や付加部がつくことで内心構造に基づくかたまりを構成するという性質が原理にあたり、主辞が先行したり後続したりするという部分がパラメータと呼ばれる可変部分に当たります。言語理論におけるパラメータの議論に関しては、チョムスキー (2012)、福井 (2012) なども参照してください。

が，この例に使用した述部を使った英文を意味順ボックスに入れ，その関係を確認してみることにしましょう。意味順ボックスは，意味順の並びを視覚的に表したものです。なお，意味順 だれが の前には，いろいろな要素を入れることができる玉手箱のような α という位置も確保しておくと考えておきましょう。この位置には，疑問詞や疑問文にする際に移動させる助動詞，接続詞などが入ると想定することにします。

α	だれが	する（です）	だれ・なに	どこ	いつ
	I	live		in Fukuoka	now

私は，現在福岡に住んでいます

α	だれが	する（です）	だれ・なに	どこ	いつ
	I	play	badminton	in the gym	every day

私は，毎日体育館でバドミントンをします

英語の並び順は，このように意味のまとまりの順序に従った意味順という文法に従っています。今からそれについて詳しく考えていきましょう。

例題1.1

日本語で書かれた意味のまとまりを，それぞれ意味順ボックスに入れてみましょう。なお，1つのボックスには，かたまりが一つだけとは限りません（2つ入ることもあります）。下に「私は，現在福岡に住んでいます」を意味順ボックスに入れた例を載せておきます。

α	だれが	する（です）	だれ・なに	どこ	いつ
	私は	住んでいます		福岡に	現在

1. クリスは その時 歌った

2. ダンは｜昨年｜博士に｜なった
3. 私は｜学会で｜デイヴィッドに｜会った
4. 私は｜会議で｜アイリンに｜名刺を｜渡した
5. その夫婦は｜自分たちの｜赤ん坊に｜ヘレンと｜名づけた

いかがだったでしょうか。解答例は，以下のようになります。

α	だれが	する（です）	だれ・なに	どこ	いつ
	クリスは	歌った			その時

1. クリスはその時歌った

α	だれが	する（です）	だれ・なに	どこ	いつ
	ダンは	なった	博士に		昨年

2. ダンは昨年博士になった

α	だれが	する（です）	だれ・なに	どこ	いつ
	私は	会った	デイヴィッドに	学会で	

3. 私は学会でデイヴィッドに会った

α	だれが	する（です）	だれ・なに	どこ	いつ
	私は	渡した	アイリンに・名刺を	会議で	

4. 私は会議でアイリンに名刺を渡した

α	だれが	する（です）	だれ・なに	どこ	いつ
	その夫婦は	名づけた	自分たちの赤ん坊に・ヘレンと		

5. その夫婦は自分たちの赤ん坊にヘレンと名づけた

意味順ボックスに日本語のかたまりを入れたところで，次は例題

1.1 の日本文を英文で表してみましょう。意味順ボックスをそのま
ま利用して，入りそうな英単語に置き換えてみてください。単語を
思いつくことができれば，なんとかなるのではないでしょうか。

α	だれが	する（です）	だれ・なに	どこ	いつ
	Chris	sang			then

1.　クリスはその時歌った

α	だれが	する（です）	だれ・なに	どこ	いつ
	Dan	became	a doctor		last year

2.　ダンは昨年博士になった

α	だれが	する（です）	だれ・なに	どこ	いつ
	I	met（saw）	David	at the conference	

3.　私は学会でデイヴィッドに会った

α	だれが	する（です）	だれ・なに	どこ	いつ
	I	gave	Irene my card	at the meeting	

4.　私は会議でアイリンに名刺を渡した

α	だれが	する（です）	だれ・なに	どこ	いつ
	The couple	named	their baby Helen		

5.　その夫婦は自分たちの赤ん坊にヘレンと名づけた

意味順では，文中に必要な要素は述語動詞に対応する する（です）
の意味から考えることになります。そして，前提として，だれが
と する（です） は文を構成するのに必要不可欠な要素ですので，こ
の二つの要素は必要と考えます。

英語の文
・ だれが する（です） が必要
・ する（です） 以降は意味情報として必要なものは書く

だれが にあたる要素は主語と呼ばれます。日本語では必ずしも明示的ではありませんが，英語では使うのが基本です。ですから，以下のように日本語では主語がないように見える文でも，英語では主語の I や you を補うことになります。

(64) a. 昨日，図書館に行ったんだけど。⇒ **I** went to the library yesterday.

     b. 昨日，図書館に行ったんだって？⇒ Did **you** go to the library yesterday?

その後は，何か欠落要素があるように感じられれば，文の要素が欠けているということになります。つまり， する（です） から後を考えて，必要不可欠な情報があれば，それを文の要素として捉えるわけです。以下のボックスにおいて，「だれが する（です）」から後の疑問部分に注目しながら，文の要素として何が必要なのかをチェックしていきましょう。どの情報が必要なのかということを考えると，文の構成がみえてくるようになります。

α	だれが	する（です）	だれ・なに	どこ	いつ
	Chris	sang			

だれがと「歌う」だけで情報が十分な文

α	だれが	する（です）	だれ・なに	どこ	いつ
	Dan	became	何に？		

だれ・なにがないと情報が不十分な文

α	だれが	する（です）	だれ・なに	どこ	いつ
	I	met (saw)	誰に？		

だれ・なにがないと情報が不十分な文

α	だれが	する（です）	だれ・なに	どこ	いつ
	I	gave	誰に？　何を？		

だれ・なにがないと情報が不十分な文

α	だれが	する（です）	だれ・なに	どこ	いつ
	The couple	named	誰に？　何と？		

だれ・なにがないと情報が不十分な文

α	だれが	する（です）	だれ・なに	どこ	いつ
	I	go		どこ？	

どこがないと情報が不十分な go

α	だれが	する（です）	だれ・なに	どこ	いつ
	I	put	何を？	どこ？	

だれ・なにとどこがないと情報が不十分な put

こういった文の基本的な構成と意味順の対応関係をまとめておく
と，以下のようになります。なお，カッコでくくった語句は修飾語
句ですので，文の情報を豊かなものにはしますが，省略することが
可能です。

意味順					
文型	だれが	する（です）	だれ・なに	どこ	いつ
SV	Chris	sang			(then)
SVC	Dan	became	a doctor		(last year)
SVO	I	met	David	(at the conference)	
SVOO	I	gave	Irene my card	(at the meeting)	
SVOC	The couple	named	their baby Helen		
SVA	I	go		to Kyoto	(once a week)
SVOA	I	put	the cup	on the table	(just now)

　この意味順ボックスを見れば明らかなように，シンプルな語順規則ながら，7文型の典型的なパタンを網羅することができます。必要な要素や不要な要素は文脈で変わりますので，何が必要なのかは状況次第で変わるということには注意が必要です。つまり，補部は述語の する（です） から考えて必要なもの，それ以外を付加部と考えているわけです。

　意味情報から文の要素を逆算するわけですから，「クリスはいつ歌ったの？」と尋ねられた場合には， いつ が必要になることもあります。

α	だれが	する（です）	だれ・なに	どこ	いつ
	Chris	sang			いつ？

いつがないと情報が不十分な文

　また，どこに行くのかが明らかになっている場合に， どこ 要素が必要というわけではありません。たとえば，「誰が霞ヶ関に行くの？」と質問されたような場面では，go の後で どこ は言わなくてもいいわけです。

α	だれが	する（です）	だれ・なに	どこ	いつ
	I	will go			

どこがなくとも情報が十分な go「私が行きます」

また，「誰がノームに会ったの？」と質問された場合には，誰に会ったのかがわかっていますので，だれ・なに は不要になることもあったり，代名詞で表現することもあります。代名詞はすでに出てきた名詞を指すはたらきがあるからです。

α	だれが	する（です）	だれ・なに	どこ	いつ
	I	met	(him)		

だれ・なにがなくとも情報が十分な文

意味順の基本がわかったでしょうか。それでは，意味順ボックスにはどのような要素が入るのでしょうか。以下で，意味順のそれぞれのファイルに入る要素を整理していきましょう。以下のようになります。

だれが

名詞
- - - - - - - - - - - - - - - - - - -
名詞（句・節），代名詞，決定詞，動名詞（句），不定詞（句）

する（です）

助動詞，本動詞
- - - - - - - - - - - - - - - - - - -
（時制，相（完了形，進行形），法，態）

だれ・なに

名詞，形容詞
- - - - - - - - - - - - - - - - - - -
名詞（句・節），形容詞（句），分詞（句），動名詞（句），不定詞（句）

どこ

副詞
- - - - - - - - - - - - - - - - - - -
副詞（句・節），前置詞（句）

98

> **いつ**
> ┄┄┄┄┄┄┄┄┄┄┄┄┄┄┄┄┄┄┄┄
> 副詞，名詞
> ┄┄┄┄┄┄┄┄┄┄┄┄┄┄┄┄┄┄┄┄
> 副詞（句・節），名詞（句），前
> 置詞（句）

意味順ファイル

だれが には名詞要素が入ります。具体的には名詞，代名詞，名詞句，名詞節といったものがあります。決定詞も名詞に付属してつくことがあります。

する（です） は動詞ですので，助動詞と本動詞がきます。

どこ には副詞がきますので，副詞（句），前置詞句，副詞節といった要素がきます。go につく to Kyoto や put につく on the table のような文中で必要なものもありますが，省略できることもあります。

いつ も副詞が基本ですので，どこ に使用される品詞と基本は同じですが，名詞が使用されることもあります。例えば，現在時制である場合，today「今日」や these days「最近」といった時間を表す名詞を入れてもいいところです。副詞的対格も品詞の問題を気にせず，使うことができます。

また，応用として，様態を表す どのように，理由・因果関係を表す なぜ なども追加で想定することができます。様態の名詞句なども入ることがあります。

α	だれが	する（です）	だれ・なに	どこ	いつ	どのように
	I	go		to school		by bus

学校にバスで行っています

また，α の部分には接続詞や移動した助動詞などが入りますので，

複文や重文を表す場合には「意味順」ボックスの表示が2段重ね，3段重ねになることもあります。

α	だれが	する（です）	だれ・なに	どこ	いつ
	I	think	(that …)		
that	Chris	is	kind		

クリスは親切だと思う

α	だれが	する（です）	だれ・なに	どこ	いつ
If	anyone	calls			
could	you	tell	them (that …)		
that	I	am not		at home	now

もし誰かから電話があったら，家にいないと伝えてくれませんか

また，3.1節で扱いますが，準動詞句は節として扱いますので，やはり2段重ねになることもあります。

α	だれが	する（です）	だれ・なに	どこ	いつ
	I	persuaded	a specialist		
	(a specialist)	to examine	John		

私は専門家を説得して，ジョンを検査してもらいました

いかがでしょうか。英語を考えるときには だれが する（です） を中心とする意味のまとまりの順序が基礎となるということがつかめたでしょうか。意味順は，Meaning-Order Approach to Pedagogical Grammar（MAP Grammar）（Tajino（2018））と名づけられている，シンプルかつ説明力のある英文法です。また，語彙範疇ではなく，文中での役割に焦点を絞った教育文法ですので，特に初学者には混乱なく基本的な文構造を教えることができると考えられます。

「意味順」の理論的考察と実践例に関しては田地野（2021）がありますので，興味の向きは参考にしてください。また，中学生から高校生を対象にした参考書もたくさん発売されています。

「意味順」読書ガイド

・田地野彰（2011）『〈意味順〉英作文のすすめ』東京：岩波書店（誰もが最初に手に取りやすい新書）

・田地野彰（監修）（2014）『「意味順」ですっきりわかる高校基礎英語』東京：文英堂（高校の基礎レベルから取り組みやすい問題集）

・田地野彰（2021）『「意味順」式　イラストと図解でパッとわかる英文法図鑑』東京：KADOKAWA（初学者が英語に取り組むのに最適）

・田地野彰（監修）奥住桂・加藤洋昭（2021）『中学英文法「意味順」ドリル1, 2』東京：テイエス企画（中学生から取り組める細やかで質の高い英語問題集）

・田地野彰（監修）（2021）『中学 自由自在 英語』東京：受験研究社（中学生用の総合書。「意味順」を下地にしている）

・田地野彰（監修）（2022）『ドラえもんの英語おもしろ攻略 ひみつ道具で学ぶ英語のルール』東京：小学館（小学生・中学生にマンガでわかりやすい解説。国語の基礎がためにも最適）

第3章 定形性に関して

> この章では，節とは何かという問題について考えることで，学校英文法でいう準動詞句に関連する事項を少し整理してみることにしましょう。

3.1. 節

　学校英文法を下敷きにしている総合英語の参考書を見てみると，「節（ないしは文）とは，主語と述語動詞を含むかたまりである」といったようなことが書かれてあります。節と準動詞句の区別は節の定形性にあり，時制情報を含むか否かが鍵になっているわけですから，これはこれでよいまとめになっていると思われます。

　しかしながら，そもそも節と準動詞句は区別されるべきものなのでしょうか。どちらも「あるものがなにかをした・なにかの状態である」という主述関係を表し，その中心に動詞が含まれているということなのであれば，両者を区別する必要はないのかもしれません。

　欧米の文法書では，準動詞句は節の一種，非定形節という扱いを受けます。準動詞句も「節」と見なすことによって，文法事項はどのように整理されるのかについて考えていきましょう。

　まず，to 不定詞句を非定形節と見なすことによって，以下のように to 不定詞句による関係節があるという事実をきれいに捉えることができます（Huddleston and Pullum (2002)）。

(1) a. This provides a solid foundation on which to build.
　　　　（これは，その上によって立つための頑丈な基盤を提供する）

　　b. This provides a solid foundation to build on. (同上)

(1a) では，関係代名詞の which を含む不定詞節が関係節として，
a solid foundation を修飾するという形になっています。(1b) はそ
こから関係詞がなくなったパタンで，同じ訳文が与えられているこ
とからもわかる通り，不定詞節の役割は同じです。日本の学校英文
法では，この不定詞句は不定詞の形容詞的用法という扱いを受ける
ため，なぜ関係代名詞が出現してこられるのかわからないというこ
とになってしまいます。関係詞は「節」を導くと言いながら，その
実，to 不定詞句という「節ではないもの」が後続することになるか
らです。一方，これらを非定形節として扱えば問題はなくなりま
す。なぜなら，関係節は，文字通り定義上「節」であるはずだから
です。また，ここの to 不定詞のかたまりが関係節であると考える
ことによって，a solid foundation が build on の目的語になってい
るという意味関係もすっきりと理解することができます。

　この種の非定形節の関係節は形式的な文章で使用される傾向にあ
り，以下のような特徴があります。

・関係節は「前置詞＋関係詞＋to 不定詞」という形をとります。
・主語が明示的になってはいけないので，「for 名詞」を to 不定
　詞の直前に置くことはできません。
・日本の学校英文法では，不定詞のかたまりはあくまで「句」で
　ある一方，関係詞を含むかたまりは「節」という扱いになりま
　すので，(1a) は例外的構造という扱いを受けるか，単に「か
　たまり」という話でお茶を濁されることになります。

関係代名詞が明示的に現れる (1a) に加え，(1b) も関係節と考え
ることで空所（以下，△で表します）がなぜ存在するのかという事
実にも説明がつけられることになります。以下の例も合わせて考え

てみましょう (ibid.)。

(2) a.　She's the ideal person to confide in △.
　　　　（彼女は信頼に足る理想的な人だ）

　　b.　I've found something interesting to read △.
　　　　（私は，読むのにおもしろいものをみつけた）

　　c.　A system analyst wouldn't be such a bad thing to be △.
　　　　（システムアナリストは，なってもそう悪いものでもないでしょ
　　　　う）

　　d.　That is not a very good way to begin △.
　　　　（あれは，始めるのにあまりいいやり方ではない）

　　e.　You're not the first person △ to notice the mistake.
　　　　（あなたが，その間違いに気づいた最初の人ではありません）

関係節の中では，関係詞になって関係節の先頭のほうに移動したも
のが本来そこに存在していた痕跡，つまり空所が存在します。空所
は，本来，そこにあるはずの要素が見えていないという表示になっ
ています。ですから，（2a）では前置詞 in の目的語，（2b）では他
動詞 read の目的語，（2c）では be 動詞の補語，（2d）では様態の
付加部・修飾部，（2e）では notice の主語の部分に空所があること
の説明がスムーズに行えます。日本の学校英文法では，「to 不定詞
の形容詞的用法の場合に，主語や目的語などが表現されないことが
ある」といった形で説明することはありますが，なぜ空所があるの
かということに対する説明はできていません。この辺りの事情も
すっきりすることがあるのは，不定詞句を非定形節と見なす大きな
利点であると考えられるでしょう。[1]

---

　[1] to 不定詞句内では，他にも必要と思われる要素が欠けていることがありま
す。たとえば，以下の例 (i) では一般的な人が主語に該当し，(ii) では，過去の
ある時点において賢くないと判断されている人が to 不定詞句の主語として理解
されることになります。

　また，非定形節の関係節は定形節で書くならば，can や should といった法助動詞が表す可能や義務といった意味を含むことが多いのですが，これは to が be to 不定詞による助動詞相当表現と同じ意味を表していると考えることで解決できます。昔ながらの日本の学校英文法では，to 不定詞の形容詞的用法は「〜するための」と訳しなさいと教えることがありますが，この義務的な意味は should の用法を具体化したものと考えることができるでしょう。

　ただ，この法助動詞に代用されるような意味は，関係節内で主語の位置に空所があり，かつ修飾相手の先行詞になる名詞句に first, second といった序数詞や only, next, last といった修飾語がついている場合には，必ずしも必要ないという事実もあります。以下の (3b) では，先行詞が the first person であることから，(3a) の時には感じられた「べき」という意味がなくなっているということを確認してみましょう。(2e) についても同様です (ibid.)。

(3) a.　She's obviously the person to finish the job.
　　　　（明らかに，彼女がその仕事を終えるべき人だ）

　　 b.　She was the first person to finish the job.
　　　　（彼女は，その仕事を終えた最初の人だった）

ここまでは，欧米の文法書に合わせたほうがわかりやすいと思われ

(i)　It is unwise to go swimming straight after a heavy meal.
　　（たくさんご飯を食べたすぐ後に泳ぎに行くのは賢いことではありません）

(ii)　It was unwise to invite Bob to the party.
　　（ボブをパーティーに招待したのは賢いことではなかった）

ほかにも，以下のような例があります。△が欠けている要素を示しており，the house，the report にそれぞれ該当します。

(iii)　The house will be ready for you to inspect △ in a few days.
　　（あと数日で家を点検する準備ができますよ）

(iv)　The report was far too long to read △ in one evening.
　　（レポートが長すぎて，一晩では読めません）

る例でした。以下の分詞句の形容詞的用法では，欧米の文法書と日本の学校英文法の捉え方が違うというだけで，教育的な効果はあまり差がなさそうと思われる事例です（ibid.）。

(4) a. People living near the site will have to be evacuated.
（現場の近くに住んでいる人たちは，避難しなくてはいけなくなるだろう）

b. I came across a letter written by my great-grandfather.
（たまたま私の曾祖父によって書かれた手紙をみつけた）

ここでは，現在分詞のかたまり living near the site と過去分詞のかたまり written by my great-grandfather が後置修飾の役割を果たし，直前の名詞を修飾しています。(4b) の場合，that was written by my great-grandfather と同義ですから，that was が省略された削減関係節（reduced relative clause）として分析することもあります。

また，日本の学校英文法では不定詞の副詞的用法とされるものも，欧米の文法書では修飾節として扱われます。副詞的用法の扱いには，根本的な違いはありません（ibid.）。

(5) a. They are saving up to buy a washing-machine.
（彼らは洗濯機を買うために節約している）

b. They arrived home to find the house had been burgled.
（彼らが家に帰ると，泥棒に入られていたことに気づいた）

c. He was a fool to say he'd go.
（自分が行くと言うなんて，彼はバカだった）

(5a) は目的を表す修飾節，(5b) は「家に帰った」時点で「泥棒に入られている」ことを意識することはできないので結果を表す修飾節，(5c) は「彼がばか」なのはどの時点においてか，その判断の理由や根拠を示している修飾節で，日本の学校英文法でも不定詞の副詞的用法の中で扱われています。

　次に，補足要素と呼ばれるものですが，修飾節が主節に依存する形で使用される分詞を中心とする用法です（ibid.）。日本の学校英文法では分詞構文と呼ばれるものですが，participle construction という名称はあまり一般的ではなく，単純に付加部や分詞節（participle clause），遊離付加部（free adjunct）や副詞的分詞（adverbial participle）などと呼ばれています。[2]

(6) a. His hands gripping the door, he let out a volley of curses.（ドアを握りしめながら，彼は罵声を浴びせ続けた）

　　b. This done, she walked off without another word.
　　　（これをすませて，彼女は一言も話さず歩き去っていった）

　　c. Realising he no longer had the premier's support, Ed submitted his resignation.（自分が首相の支持を得られないと判断したので，エドは辞表を提出した）

　　d. Born in Aberdeen, Sue had never been further south than Edinburgh.（アバディーンに生まれ，スーはエディンバラより南へ行ったことがなかった）

　　e. Whether working or relaxing, he always has a scowl on his face.（仕事をしていてもくつろいでいても，彼はいつもしかめっ面をしている）

---

　[2] 伊藤（1999）が議論しているように，分詞構文という名称を大々的に取り入れたのは，1898 年に出版された斎藤秀三郎の Practical English Grammar がきっかけのようです。特に分詞構文を「副詞節で表されるべき内容が表される」と記述し，その書き換えを表記したことがきっかけで，分詞構文を副詞節に書き換えさせる問題が日本の英語教育に取り入れられたのかもしれません。また，伊藤（1999）によれば，斎藤門下生の山崎貞が 1912 年に出版した『英文解釈研究』，『自修英文典』，山田巌が 1914 年に出版した『英文法講義』に分詞構文という名称を使用していることと，市河三喜が 1918 年に出版した A Concise English Grammar においても Participle Construction という記述がある旨を指摘しています。日本語を母語とする学習者が，分詞を中心とする副詞節の理解に困難を来していたことの反映と言えるかもしれません。

(6a, b) の非定形節では主語があり，独立付加部（absolute adjunct）などと呼ばれますが，日本の学校英文法では主語のある分詞構文ということで独立分詞構文と呼ばれる用法です。(6c, d) では意味上の主語が明示化されていませんが，それは主節の主語と一致するからというのも，日本の学校英文法での説明と変わりません。(6a, b, c, d) はそれぞれ接続詞がありませんから，修飾節と主節との意味的なつながりは緩やかなもので，(6a) のように時を表していると考えられるものや，(6c) のように因果関係を表していると考えられるものもあれば，(6b) のようにはっきりしないこともあります。ここの分詞を中心とするまとまりはあくまで非定形の節ですから，(6e) のように従属接続詞を使用して主節との意味関係を表現することも可能です。つまり，接続詞の後には節が続くという一般化に沿っているということにもなります。

　非定形の動詞を中心とする修飾節に主語がなくとも，必ずしも主節の主語と一致するわけではないというのもよく知られた事実です。いわゆる，懸垂分詞（dangling participle）と呼ばれる用法です (ibid.)。

(7) a. To put it bluntly, they're utterly incompetent.
　　　　（はっきり言うと，彼らはまったくもって無能です）

　　 b. But, judging from their reaction, the decision was a complete surprise to them.（しかし，彼らの反応から判断すると，その決断は彼らにとって全くの驚きだったようだ）

　　 c. Based on the latest inflation data, there'll be another rate-rise soon.（最新のインフレーションデータに基づくと，またすぐに利上げがあるでしょう）

この種の補足要素は，主節の内容がどのように表されるかというのに関わっており，ある種の発話行為[3] のカテゴリーに属していると

---

[3] つまり，言語表現の視点やレベルが異なっています。これら補足要素は否定

108

言えます。(7a, b) ではこれらの文を発した発話者の視点から修飾節が述べられていますし、(7c) では「最新のインフレーションデータに関する予測」に基づいた次の利上げの予測が表現されています。

　また、補足要素の非定形節は名詞句に依存する形で使用されることもあります。日本の学校英文法では、「同格」「言い換え」という言い回しで説明することが多いのではないでしょうか (ibid.)。

(8) a. Kim and Pat, both of them suffering from hypothermia, were winched into the helicopter.（キムとパットは、二人とも低体温症にかかり、ヘリコプターにウインチでつながれた）

　　b. Kate's proposal—to dismiss the manager—was greeted with dismay.（支配人を解雇しようというケイトの提案は、ろうばいで迎えられた）

　　c. Jim's hobby—collecting beermats—is taking up all his time.（ビール用コースターを収集するというジムの趣味は、彼のすべての時間を奪っている）

　　d. There was only one thing to do: call in the police.
　　　　（やることはただ一つ、警察に通報することだった）

(8a) は関係節に対応し、それ以外は内容を特定する修飾節となっています。(8b) に―がなくとも非定形節は proposal の内容を特定することはできますが、(8c) のように動名詞句が後続するわけではない hobby の後に―で挟んだ修飾節を使用することも、(8d) のようにコロンの後に独立した節を用いることも可能です。コロンの後の節では、イギリス人英語の綴りではこのように先頭を大文字にしないことが多いです。

　また、疑問詞に to 不定詞句が後続するパタンもあり、日本の学

_____

の意味の影響を受けなかったり、発話者・書き手の視点から述べられていたり、その意図がキャンセルできないなどの特徴を持ちます。詳しくは、Potts (2005) などを参考にしてください。

校英文法ではこれはそのままイディオムとして覚えるべきと処理されています (ibid.)。

(9) a. I don't know whether to accept their offer.
　　　　（彼らのオファーを受け入れるべきか分からない）
　 b. I'm not sure how to proceed.
　　　　（どうやって続ければいいか確信が持てない）
　 c. They can't agree on what to do about it.
　　　　（それに関して何をすればよいか彼らは同意できていない）
　 d. A decision whether to go ahead hasn't been made.
　　　　（先に進むべきかどうかという決定はまだ決められていない）

これに関しても，whether や疑問詞の後ろにくるのは「節」であるという一般化を提示している以上，ここの to 不定詞句も節であると考えればイディオムとして例外扱いする必要はなくなります。また，不定詞関係節の場合と同じく，be to 不定詞で生じる助動詞的な意味（ここでは義務的な should の意味が含まれる）があることにも統一的な説明がつけられることになります。

　というわけで，今回は準動詞句ではなく非定形節だという観点で英文法の捉え直しをしてみました。特に日本の学校英文法では to 不定詞の形容詞的用法とされるものが関係節だと考えることで，空所の有無と関係詞の出現がきれいに捉えられるという点は，欧米の文法書が優れている点であると考えることができるのではないかと思われます。

非定形節
・準動詞句も，節であると考えられる。
・不定詞句は節なので，関係詞や疑問詞が伴うこともある。関係節内では，空所があることもある。
・不定詞句で助動詞的な意味があるのは，be to 不定詞の to と同じであると考えられる。

3.2. tough 構文と wh 移動

3.1 節で to 不定詞句は非定形節，つまり節として扱うことの利点について話をしました。今回はそれに準ずる話になります。

tough 構文と呼ばれる現象があります。これは tough や easy など難易を表す形容詞や fun, pleasant, annoying など快不快を表す形容詞がとる独特なパタンで，to 不定詞以後に空所（△で表します）があり，それが全体の主語と一致すると考えられるような構文のことを指しています。また，この構文は形式主語構文を使って書き換えをすることができるということもよく知られています。(10a) が該当する構文で，please の後にあるはずの目的語がなく，その意味上の目的語が全体の主語の John と一致していることを確認してください。対応する形式主語構文の (10b) では please John となっており，他動詞とその目的語の関係が明らかになっています。もちろん，形式主語構文を使わない形式もありえます。

(10) a.　John is easy to please △. (ジョンを喜ばせることは簡単だ)

　　b.　It is easy to please John. (同上)

　　c.　To please John is easy. (同上)

tough 構文は現象としてはよく知られていますが，これをどう分析するのかが理論言語学では大きな課題になっています。今回はこの現象について，少しだけ説明してみましょう。

この種の空所が見られる構文には，他にも pretty を使用したものや，too to 構文，enough to 構文といったものがあります。

(11) a.　Natalie is pretty to look at △.

　　　　(ナタリーは見ていてかわいい)

　　b.　This coffee is too strong to drink △.

　　　　(この珈琲は濃すぎて飲めない)

　　c.　The ball is soft enough to kick △.

（ボールが蹴るのに十分柔らかい）

しかし，pretty を使用している（11a）は形式主語構文や to 不定詞
句を主語にした文に書き換えることはできません。

(12) a. *It is pretty to look at Natalie.
　　 b. *To look at Natalie is pretty.

また，too to 構文や enough to 構文では，too や enough が何か
「悪さ」をしていますから，これら程度の副詞を取り除いてしまう
と，非文法的になってしまいます。

(13) a. *This coffee is strong to drink △.
　　 b. *The ball is soft to kick △.

というわけで，これらの事例は事実の指摘に留めておき，tough 構
文の分析を見てみましょう。以下は，Chomsky（1977）のまとめ
です。
　tough 構文は従属節を中に埋め込むことができます。ただし，
(14b, c) は非文法的になります。

(14) a.　John is easy to convince Bill to tell Mary that Tom
　　　　 should meet △.（ジョンは，ビルを説得して，トムが会うべき
　　　　 だとメアリーに伝えるようにするのは簡単だ）
　　 b. *John is easy to convince Bill of [$_{NP}$ the need [for him to
　　　　 meet △]].
　　 c. *John is easy to describe to Bill [$_{NP}$ a plan [to assassinate
　　　　 △]].

Chomsky（1977）では，to 不定詞句も節として捉え，空所は wh
疑問文のような（見えない）オペレータの移動が関わっていると考
えられています。つまり，(15a) の Op$_i$ は動いた Op_i のコピーを
表しており，そのコピーが John であると解釈されるのが tough 構

文であると考えたのです。ですから，(14a) ではトムが会う相手は
ジョンということになっています。この種の空白は (15b) で示さ
れているような wh 疑問文と同様のプロセスを経て作られるとい
うわけです。

(15) a. John is easy Op_i to please ~~Op_i~~. (ジョンを喜ばせるのは簡単
　　　だ)

　　 b. Who_i did Mary hope that Tom would tell Bill that he
　　　should visit ~~who_i~~? (誰を訪ねてみるべきだとトムはビルに言っ
　　　ていたとメアリーが望んでいるの)

wh 句は埋め込み文の中から移動して (16a) のような形をとること
ができるのですが，同格の名詞節や関係節の中からは取り出すこと
ができないということが知られています。これは，統辞操作の適用
が受けられない領域ということで島 (island) と呼ばれる統辞上の
制約現象の1つで，複合名詞句制約 (Complex NP Constraint) と
いう名称で知られています。(16b) が非文法的なのは，コピーの
~~who_i~~ が the claim that … という同格の名詞節の中から取り出され
ていることによります。

(16) a. I wonder [who_i John believed that Mary would claim
　　　that Bill would visit ~~who_i~~]]

　　 b. *I wonder [who_i John believed [$_{NP}$ the claim that Bill
　　　would visit ~~who_i~~]].

というわけで，(14b, c) が非文法的なのは，tough 構文を形成する
オペレータが島である複合名詞句の NP 内から移動しようとして
いることにあります。こう考えていくと，tough 構文における to
不定詞句も (埋め込み) 節として捉えるほうが合理的であるという
ことがわかります。

tough 構文
- tough 構文で使用される to 不定詞のかたまりは非定形節であると考えられる。
- tough 構文で観察される空所は，wh 疑問文の時と同様に要素の移動が関わっていると考えられる。

しばらくは非定形節の性質について扱ってきましたが，次はこの延長で繰り上げ構文とコントロール構文について考えていこうと思います。

3.3.　繰り上げ構文とコントロール構文

　日本の学校英文法で，S V O to *do* ～ といった形式の場合には，O と to 不定詞句の間に意味上の主述関係があり，S と O to *do* ～ との間に因果関係がある意味が基本という話を聞いたことがあるかもしれません（例外は promise）。[4]

　これは大学受験という水準なら十分な知識であると思われますが，この形式の文の場合，さらに細かく2つのパタンに細分化できます。これは，英語を教える側，言語学をやっていこうという人たちには有益な知識になるかと思いますので，少し説明してみましょう。以下の例文を比較してみてください。

(17) a.　I persuaded a specialist to examine John.
　　　　（私は専門家を説得して，ジョンを検査してもらいました）

　　 b.　I expected a specialist to examine John.
　　　　（私は専門家がジョンを検査するのではないかと思っていました）

---

　[4] promise の場合には，主節の主語が to 不定詞句の主語を兼ねることになります。これは subject control と呼ばれます。

　(i)　I promise not to tell anyone.
　　　（誰にも言わないと約束するよ）[tell の主語は I]

114

これらの文はどちらも，ＳＶＯ to *do* 〜 のパタンに沿っています
し，a specialist と to examine John との間に主述関係もあります。
この解釈ができれば，それ以上の分析は必要なさそうな気もするの
ですが，もう少し詳しく考えてみましょう。

　(17a) では，私が積極的にジョンを検査してほしいと専門家を説
得している場合に使用されます。つまり，専門家がジョンを検査す
るという結果に対してコミットしている場合と考えられます。一
方，(17b) では単に予測しているだけですから，私と専門家に接触
がない可能性も十分にありえます。つまり，(17a) ほどコミットし
ているわけではないということになります。この違いは，補文を受
動態にするとよりいっそう明らかになります。以下をよく見てみて
ください。

(18) a.　I persuaded John to be examined by a specialist.
　　　　（私はジョンを説得して，専門家に検査してもらうようにした）
　　b.　I expected John to be examined by a specialist.
　　　　（私はジョンが専門家に検査されるのではないかと思っていました）

(17a) では，説得をした相手が専門家でしたが，(18a) ではジョン
に変わっています。つまり，説得という行為の対象が変わっていま
す。しかし，(17b) と (18b) にそのような違いはありませんし，
これらはほぼ同じ意味を表している文です。また，(17b) で私と専
門家に接触がなかった可能性があるのと同様に，(18b) でも私と
ジョンとの間に接触がなかった可能性があります。

　この違いはどこに起因するのでしょうか。それは，述語動詞の
persuade と expect の語彙的な性質の違いであると考えることがで
きます（専門用語で項構造と呼ばれます）。persuade はその語彙的
性質として，「ある行為者が，ある被行為者に対して説得を行い，
〜するように促す」という意味を持っています。つまり，人にあた
る名詞を主語，目的語，そして行為を表す to 不定詞句を項として
とることになります。一方で，expect は「ある経験者が，〜を予

測している」という意味を持ち，人に当たる名詞を主語，そして行
為を表す to 不定詞句を項としてとることになります。つまり，被
行為者を必要としない動詞ということになります。

　この違いを，統辞論ではコントロール構文と繰り上げ構文という
形で捉えています。つまり，以下のような異なる構造を想定してい
るわけです。(18a) に対応する (19a) のコントロール構文では，
PRO という発音されない名詞が余分にあり，これが examine の主
語になっているということを確認してみてください。

(19) a.　I persuaded a specialist [PRO to examine John].

　　　　　　　　　　　　　　　　　　　　　　　　　［コントロール構文］

　　 b.　I expected a specialist$_i$ [a specialist$_i$ to examine John].

　　　　　　　　　　　　　　　　　　　　　　　　　　　　［繰り上げ構文］

(19a) の persuaded は I, a specialist, to examine John の 3 つを
項，つまり文の要素としてとっています。そして，examine は「S
が O を検査する」という意味で使われていますから，PRO が主語，
John が examine の目的語ということになります。なお，PRO は
a specialist を指しており，「a specialist が PRO をコントロールす
る」という言い方をされます。一方，(19b) では，a specialist が
to examine の主語，John が目的語になっており，expected は I と
to examine John を項としてとっていると考えられるわけです。な
お，a specialist は to examine の主語位置から，expected の目的
語位置に繰り上がると想定されています（こういう理由で繰り上げ
構文と呼ばれています。目的格をもらうために動くという説明がさ
れることが多いです）。

　そして，繰り上げ構文の場合には形式主語構文を使用した受動態
が存在しますが，コントロール構文の場合にはありません。なぜな
ら，形式主語構文では，主語である形式主語の It に何らかの意味
役割が与えられては不都合があるからです。was persuaded という
受動態になれば，「ある被行為者が～するように説得される」とい

う意味になるので，It という意味がないはずの形式主語が説得の対象になってしまうため，非文法的になります。一方で，繰り上げ構文を形成する expected の受動態である was expected は「～が期待される，予測される」という意味ですから，It に余分な意味役割を与えてしまう心配がありません。以下のコントラストを確認してみてください。

(20) a. *It was persuaded that a specialist examined John.
    b. It was expected that a specialist examined John.
    （専門家がジョンを検査すると思われていた）

そして，繰り上げ構文の expect の直後の名詞句は，expect と直接関連しているわけではありませんので，虚辞と呼ばれる there 構文の there，形式主語の it が続くことができます。[5] 虚辞は格などの文法的要請のために存在しており，それ自体には何かを指し示す働きがありません。一方，persuade の直後の名詞句は説得の対象になりますから，虚辞がくることはできません。

(21) a. I {expected, *persuaded} **there** to be three students in the lab. （3 人の学生が研究室にいるのではないかと思っていた）
    b. I {expected, *persuaded} **it** to be easy to pass the exam.
    （その試験に受かるのは簡単だと思っていた）

というわけで，見た目は同じ S V O to *do* ～ という構文であっても，形式が異なる可能性があり，コントロール構文の場合には述語動詞とその目的語との間に強い意味上の依存関係があり，繰り上げ構文の場合にはないという違いがあります。なお，この種の構造の

---

[5] ここで，虚辞は非定形節の統辞上の主語として機能しています。なお，虚辞の there は，付加疑問文の付加部として使用されるなど，統辞上，主語としての性質を持つことがあります。
　(i)　There isn't a cat in my room, is there?
　　　（私の部屋に猫はいないですよね）

違いは，元々は 1 つの名詞句には 1 つの意味役割が与えられるという Θ 基準を遵守するために PRO という見えない代名詞を想定しなければならないという理論的な要請があったのですが，90 年代後半以降はこの想定が破棄される可能性が出てきたために，コントロール構文も繰り上げ構文の一種であるとする主張もできるようになりました (Hornstein (1999))（つまり，コントロール構文では PRO が担っていた意味役割の 1 つを，他の名詞句が代わりに 2 つ担うことができるという主張です）。ただし，それに対する反論も出ています (Landau (2013))。しかし，コントロール構文も繰り上げ構文の一種であると主張している研究者たちも，両者の構文に意味の違いがあるのは事実であると考えているので，そこには注意したいところです。現象の見方が異なっているというだけのことです。

　なお，コントロール構文と繰り上げ構文の区別は主節の主語位置の名詞句に関しても存在します。以下の例を比較してみましょう。

(22) a.　Jane hoped to convince them.
　　　　（ジェインは彼らを説得することを望んでいた）

　　 b.　Jane seemed to convince them.
　　　　（ジェインは彼らを説得したようだった）

hope という動詞は，「誰かが〜を望む，希望する」という意味を表し，seem は「〜なようだ」という意味を表します。つまり，hope のほうでは，何かを望む主体を主語として文の要素にとっているということがわかります。ですから，hope はコントロール構文になり，seem は繰り上げ構文になりますので，以下のような構造になります。

(23) a.　Jane hoped PRO to convince them.

　　 b.　Jane$_i$ seemed ~~Jane$_i$~~ to convince them.

この構造に従えば，(23a) で hope の主体は Jane, convince の主

118

体は PRO（＝Jane），（23b）で convince の主体は Jane で，主節
の主語位置に繰り上がるということがわかります。というわけで，
seem の主語位置には意味のない名詞，すなわち虚辞を置くことが
できますので，形式主語構文に書き換えることができます。コント
ロール構文ではこの書き換えは不可能です。

(24) a. *It is hoped that Jane would convince them.
　　 b. It seemed that Jane convinced them.
　　　　（ジェインは彼らを説得したようだった）

繰り上げ構文の to 不定詞節は受動態に書き換えても基本的な意味
は変わりませんが，コントロール構文では変わってしまうのも先ほ
どと同様です。

(25) a. They hoped to be convinced by Jane.
　　　　（彼らはジェインに説得されることを望んでいた）
　　 b. They seemed to be convinced by Jane.
　　　　（彼らはジェインに説得されたようだった）

というわけで，少なくとも，理論言語学における前提の事実，つま
り facts は英語教育の場面でも有効になるでしょう。分析の方法自
体はいろいろ変わりますので，そこはもっぱら理論言語学の問題で
はあります。とりあえず，コントロール構文と繰り上げ構文の違い
については認識しておいても損はないのではないでしょうか。

コントロール構文と繰り上げ構文
・to 不定詞の主語位置に，発音されない代名詞 PRO が存在し，
　意味役割を to 不定詞の動詞からもらう構文がある。これはコ
　ントロール構文と呼ばれる。
・発音されない代名詞を必要としない繰り上げ構文もあり，両者
　の違いは述語動詞が必要とする文の要素（項）の数の違いに起
　因する。

第4章　時制・相・法に関して

言語学研究では実り豊かな成果を上げてきた，時制，相，法ですが，学校英文法ではその成果はほぼ無視され続けてきているというのが実態かもしれません。この章では，これら動詞の活用変化に関わる要素について詳しく考えていくことにしましょう。

4.1.　動詞の形が変わる要因

現代英語では，時制 (tense)，相 (aspect)，法 (mood) という要因によって，動詞の形態が変化することがありますので，これをまとめておきましょう。

4.1.1.　時制とは

時制とは，状況を何らかの時点や期間に位置づける要因が動詞の活用に影響を与えるシステムのことをいいます。そして，時制には参照点となる状況の時間と文を発する時間を関連付ける働きがあります。

面倒なのは，時間という意味から考えれば過去，現在，未来の3つの概念がありそうなのに対して，英語では時制の区別が過去と現在しかないということです。現在形は現在形という呼び方をしていますが，過去形ではないデフォルトという捉え方もできますので，非過去形という言い方もできます。

ですから，次のように確定しているような未来の状況や予定を現在形で表すことがあったりします。未来形という動詞の活用変化に関する体系的なシステムがないからです。

(1) a. The next train comes in ten minutes.
（次の電車は 10 分後に来ます）

b. There is a solar eclipse on Thursday.
（木曜に日食があります）

もちろん，未来の状況を法助動詞の will や be going to などを用いて表現することができます。意味的に考えれば未来のことですから，以下の will や be going to do を「未来時制」と説明している書籍も数多くありますし，伝統文法でもそのような扱いをしていたことがあります。しかし，過去の -ed に対応するような未来の接辞や不規則活用による未来形の動詞もありませんし，will には対応する過去形の would，be going to にも過去形の {was, were} going to do がありますから，英語に「未来時制」があると考えるのは難しいと思われます。[1]

(2) a. It will rain tomorrow. （明日，雨が降るでしょう）
b. It is going to rain soon. （すぐに雨が降るでしょう）

また，状況の捉え方と動詞の形という観点で時制を定義すると，完了形[2] は時制の一種であると考える可能性もあるかもしれません。しかしながら，過去形と現在完了形には区別があり，たとえば (3b) に示すように，現在完了形は過去を表す表現 yesterday などと共に用いることができません。

(3) a. I saw Emily yesterday. （昨日，エミリーに会いました）
b. *I have seen Emily yesterday.

---

[1] 時制を意味から考えて「未来形」という考え方を採用している文法書もありますが，それは意味から考えているのであって，間違いというわけではありません。本書では，形態変化に関連する要因としての時制という観点を大事にしているため，未来形という形を想定しないでおきます。

[2] 完了形に関する詳しい話は 4.3 節で扱います。

現在完了形は，過去の出来事や状態が現在と関わりを持つという視点で捉えることができますから，現在形の一種であると考えたほうがよいでしょう。また，完了形は古英語の「have 目的語 過去分詞」という形から，語順が変化して「have 過去分詞 目的語」という形になったと考えられています（中尾・児馬（1990））。古英語のこの形式では，過去形，現在形の両方が have の時制によって区別されていたため（(4a, b) に現代英語に直したものを掲載しておきます），やはり現在完了形を過去形の一種と見なすのは難しいのではないでしょうか。

(4) a. I have him bound.（彼を拘束しました）(I have bound him.)
    b. I had him bound.（彼を拘束した）(I had bound him.)

というわけで，英語の時制は動詞の形態変化に対して，以下の二つの可能性があることになります。

(5) a. 現在形（意味としては現在，未来，過去）[3]
    b. 過去形（過去，ないしは事実であるか疑わしい仮定）

現在形で過去のことを表す事例は少ないのですが，(6a) のような歴史的現在と呼ばれる歴史上の出来事を表現するものや（他にも過去の発言や思考などが現在形で表されることもあり，フィクションなどで多用されます），(6b) のように過去にメアリーが発言した時点においてスーが妊娠していたという状態が，(6b) の文を話し手が発した現在の瞬間にも成立する二重アクセスと呼ばれる現象で現在形が出てくることがあります。

(6) a. The Bible **says** that someone must have built the world, and that someone was God.（聖書には誰かが世界を作ったは

---

[3] つまり，過去形という特殊な形を使用しなければならない場合以外のデフォルトということになります。

　　　ずで，それは神であると書かれています）

b.　Mary said that Sue **is** pregnant.
　　　（メアリーはスーが妊娠していると言った）

つまり，英語の動詞の時制としては過去形が有標（marked）[4] な形で，それ以外のデフォルトでは現在形を使用するということになっているわけです。時制の区別は過去か非過去かという二分法に慣れれば本書では十分ですから，これで終わりということにしておきましょう。後は，以下の（視点）相と時制との関わりについても注意しておいてください。

4.1.2.　相とは

　相とはいったい何なのでしょうか。相とは，ある状態や出来事の捉え方を表すシステムということになります。英語では，文法形態として単純形，進行形，完了形，完了進行形といった形が存在します。4.2 〜 4.4 節で詳しく説明しますが，相は語彙の意味，それに目的語や前置詞句とも関連しますので，意味的にはとても広い概念になりえます。相は状態や出来事をどう捉えるかという問題に影響されることになりますので，時制とは独立して機能する概念になります。

4.1.3.　法とは

　法（mood）は，状況や事態に対する話者の心的態度，つまりモダリティを文法的に表現したものというものになります。デフォルトは直説法と呼ばれ，（7a）のように事実を表します。（7b）のような命令法も現代英語では動詞の原形を使用しますが，法の一種であると言えます。形態的には動詞の原形に過ぎませんから，命令法と

---

　[4] 言語学で特によく使用される概念で，X と Y という二つの対立する特徴がある場合，より一般的な方を無標（unmarked），特殊な方を有標（marked）と呼ぶことがあります。

いう存在を認めない立場もあります（動詞の原形がどこで使用されるかという場面を記述すれば，命令法の存在を認めなくても事足りるというわけです）。

(7) a.　Tayler is honest.（テイラーは正直だ）

　　 b.　Be honest.（正直であれ）

mood としての法は，直接法と（あれば）命令法，それに仮定法が英語に存在します。仮定法は，古英語以来の接続法[5]の名残で接続法と区別しない立場もありますが，大半の現代英語の分析では，subjunctive は仮定法と訳されています。

　仮定法過去・過去完了は認識的な距離を表し，現在の事実ではないと考えている場合に条件節に過去形，過去の事実ではないと考えている場合に過去完了形が使用されたりします。(8a) にあるように，古英語の be 動詞 wesan の名残で仮定法過去では主語の人称にかかわらず were という形態が使用されてきました。しかし，最近では時制を過去にずらすことで認識的な距離を表すという気分が出てきているせいか，主語が単数の場合 was を使用する話者も増えてきているようです。

(8) a.　If this {were, was} true, the plan would have to be re-
　　　　 vised.（もしこれが事実なら，計画を変更しなければいけないだ
　　　　 ろう）

　　 b.　If this had been true, the plan would have had to be re-
　　　　 vised.（もしこれが事実だったなら，計画を変更しなければいけ
　　　　 なかっただろう）

---

[5] 印欧語では，法（mood）の種類として直接法，接続法，命令法，祈願法が区別されていましたが，古英語では直接法と接続法の区別がありました。接続法は衰退し，現代英語では仮定法の用例で一部その名残が残っています。

古英語の頃は条件節でも帰結節でも接続法（過去）という動詞の活用によって，この種の認識的な距離が表現されていました。接続法という動詞の活用が貧弱になるにつれ，条件節では過去形で現在の事実に反する仮定，過去完了形で過去の事実に反する仮定，帰結節では助動詞の過去形を用いることによって接続法の代用をするようになってきました。なお，認識的な距離は条件節の中だけではなく，as if 節や wish, would rather などの補文でも使用されます。「事実ではない」という認識が動詞の活用に現れているわけです。

(9) a.　She talks to me as if I were a child.
　　　　　（彼女は私がまるで子供かのように話しかけてくる）

　　b.　I wish I were free now. （今，時間があればなあ）

過去形を用いることで認識的な距離を表すことができますが，これは丁寧さにもつながってきます。依頼の際，Will you ～? よりは Would you ～? のほうが丁寧さが増すという話は有名です。これは実現可能性が低いという意識を表現することによって，押しつけがましさを少なくしようとする会話上のストラテジーの一種であると考えられます。以下は，過去形を用いることで丁寧さを表している例です。[6]

(10) a.　I **wanted** to ask you some advice.
　　　　　（少し助言をいただきたいのですが）

　　b.　I **wondered** whether I could make an appointment with you. （アポイントメントをとっていただけないかと思っているのですが）

---

　[6]　日本語でも同種のストラテジーが観察されます。たとえば，北海道などでは電話口で受け手が「高橋でした」と名乗ることで，丁寧さを表現するといったようなことがあります。

仮定法現在という用法についても押さえておきましょう。[7] これは，命令的判断を表す形容詞述部の内容を表す節，要求・主張・提案・命令の意味を表す動詞の補文，譲歩を表す副詞節などで動詞の原形が使用されるという現象です。これも接続法の名残です。

(11) a.　It is important that he (should) be told.
　　　　　（彼にはこのことが告げられるべきだ）

　　 b.　We demanded that they (should) be nominated.
　　　　　（我々は，彼らが指名されるべきだと主張した）

　　 c.　Be it ever so humble, there's no place like home.
　　　　　（どんなに粗末でも，我が家のような所はない）

　　 d.　Whatever he (may) say, my mind is made up.
　　　　　（彼が何と言おうとも，私の決意は固まっている）

　　 e.　God Save the Queen!（神よ，女王を救いたまえ）

(11a, b) のような事例は，接続法の名残である動詞の原形と同じ形が元々の用法でした。これはアメリカ英語で多く残っており，イギリス英語では should を加えることで命令的判断や要求などの意味の代用を行っていると考えられています。英文法書などで，アメリカ英語では should が省略されるという説明をすることがありますが，歴史的な経緯から考えると逆であると言えます。イギリス英語では，接続法がなくなったことによって義務的な意味を助動詞で補うようになったという経緯がありますから，話者によっては should だけではなく，must や will などを使用しても問題がないと考えている人もいます。また，(11c) のように接続詞を省略し，原形の動詞を主語の前にもってくることで条件節を形成すること

---

　　[7] この仮定法現在と呼ばれる用法において，英語では特別な形態変化が求められるわけではありません。つまり，命令法と同じく，動詞の形態変化（パラダイム）としては，特別に仮定法という存在を認める必要はなく，単に動詞の原形が使用される環境，構文の問題であると考えることも可能です。

126

ができますが，これも接続法の名残であると考えられています。
(11e) はイギリス国歌の一部ですが，祈願文という形で接続法の名残が残っている用法もあります。[8]というわけで，接続法という動詞の活用が貧弱になった結果，現代英語では以下の用法で接続法の代用をしていると考えられます。また，接続法の代わりに，法助動詞が発達することによって意味の埋め合わせをしているという考え方もできるかもしれません。

(12) a. 過去形，ないしは過去完了形で認識的な距離を表す。
    b. 判断や主張の内容を表す補文節や譲歩節で，動詞の原形を用いるか，法助動詞を用いる。
    c. 祈願文などの昔からの言い回しが残っている。

より広い意味での法としては，モダリティというものもあります。モダリティとは意味に関わる概念で，ある状況に関する話者の心的態度を表しているものです。このモダリティをもっとも自由に表すシステムは法助動詞によって実現されます。[9]以下，Huddleston and Pullum (2002) に沿って説明していきます。法助動詞にはモダリティの強さがあり，状況が事実であること，ないしは実現することについての話者のコミットメントに違いがあります。特に，必

---

[8] 周知の通り，2022年9月8日にエリザベス2世が崩御され，チャールズ3世がイギリス国王に即位しましたので，現在では God Save the King! に変わりました。

[9] 本書は体系的なまとめをしていませんが，Huddleston and Pullum (2002) によれば，モダリティは以下のような方法で表されます。
　(i) 語彙によるもの（法助動詞以外にも possible, necessary といった語彙によって表されるもの）。
　(ii) 過去形によるもの。たとえば，If you do that again と If you did that again との差。
　(iii) 過去形以外の動詞の屈折。たとえば，条件節で使用される were や，命令法などの節のタイプ。そして，従属節によるもの。
　(iv) I think, it seems などの挿入句によるもの。

然性と可能性の二つが主要な区分になり，たとえば must で表される必然性は強いコミットメントを，may で表される可能性は弱いコミットメントを表しています。

(13) a. You must come here immediately.
　　　　（ここにすぐに来なさい）［強いコミットメント］

　　b. You may come here immediately.
　　　　（ここにすぐに来てもいいですよ）［弱いコミットメント］

法助動詞はそれぞれ，根源的なモダリティと認識的モダリティの 2 種類のモダリティを表します。まず，must と may が表す認識的モダリティについて考えてみましょう。認識的モダリティは状況が事実かどうかに対する話者の心的態度を表し，状況に関する話し手の知識が反映されているという特徴があります。また，義務的モダリティという，未来の状況の実現可能性に対する話し手の態度を表すモダリティもあり，典型的には義務や許可の意味を表します。両者は，義務的モダリティが基本，つまり根源的なモダリティで，認識的モダリティはそこから拡張されて生じてきたと考えられており，必ずしもどちらかに区分できないような事例もありえます。

	強い	弱い
認識	He must have been delayed. 彼は遅れたに違いない。	He may have been delayed. 彼は遅れたかもしれない。
義務	You must pull your socks up. 靴下をひっぱりあげないといけません。	You may stay if you wish. よろしければ，いてもいいですよ。
曖昧	You must be very tactful. {とても機転がきくのですね，機転をきかせないといけません}.	He may sleep downstairs. {彼は下の階で寝るかもしれない，彼は下の階で寝てもよい}.

表 4.1：認識的モダリティと義務的モダリティ

次にいきましょう。can は許可「〜してよい」という義務的モダリティと「〜かもしれない」という認識的モダリティのほかに，動的モダリティというものも表すことがあります。[10] 動的モダリティは，典型的には人間の性質や気質などについて述べるもので，以下のような事例があげられます。(9a) では許可を与えたりする義務的モダリティの意味が，(9b) では認識的モダリティの意味が，(9c) では能力を表す動的モダリティの意味が表されています。(9d) では義務的モダリティでも動的モダリティでも解釈が可能という状況になっています。

(14) a. She **can** stay as long as she likes.

（彼女は好きなだけいてもよい）［義務的モダリティ］

 b. She **can't** be at home yet.

（彼女がまだ家にいるはずがない）［認識的モダリティ］

 c. She **can** easily beat everyone else in the club.

（彼女はクラブの人なら誰でも容易に打ち負かすことができる）［動的モダリティ］

---

[10] can による認識的モダリティの過去形 could は，弱いモダリティのさらに婉曲表現なのでかなり低い可能性について言及するはずです。しかし，実際の運用としては「ありえた」出来事として，積極的にその実現可能性にコミットする雰囲気が感じられます。実際的な危機感を直接的な言語表現にせずに，婉曲表現で本音を語るという言語使用の反映なのかもしれません。

 (i) In continental Europe, similar movements have thrived, even supplanting the traditional parties of the working class. That **could** happen here. It **could** happen to Labour. (The Guardian より)（大陸ヨーロッパでは類似した動きが盛んになっており，伝統的な労働者階級の政党に取って代わってさえいたりする。それは，ここでも起こりうる。労働党にも起こるかもしれない）

 (ii) Such a development **could** pose a new threat to the isolated country's neighbours and the United States. (The Guardian より)（そのような（軍事兵器の）発達は，その孤立国家（北朝鮮）の近隣の国とアメリカ合衆国の新たな脅威になりうる）

d.　She **can** speak French.
（{彼女はフランス語を話してもよい，彼女はフランス語が話せ
る}）［曖昧］

ここで，強いコミットメントと弱いコミットメント，すなわち必然
性を表すモダリティと可能性を表すモダリティの関係について考え
てみましょう。これらが否定文で使用されている場合，意味関係は
どのようになっているでしょうか。まずは，可能性を表すモダリ
ティです。以下の例文をモダリティと否定の意味との関わりに注意
しながら読んでみてください。

(15) a.　He may not have read it.
（彼はそれを読んでいないかもしれない）
→ It is possible that he didn't read it.
b.　He can't have read it.
（彼がそれを読んだはずがない）
→ It is not possible that he read it.
c.　He can't not have read it.
（彼がそれを読んでいないはずがない）
→ It is not possible that he didn't read it.

可能性の意味は，否定の意味とスコープ[11]上の相互作用がありま
す。つまり，パラフレーズで表されている通り，(15a) では可能性
の意味が否定の意味より広いスコープをとっている解釈（可能性の
possible が否定の n't の左側にあります），(15b) では否定が可能

---

[11] スコープとは，ある意味が適用される範囲のことです。たとえば，否定の
スコープとは，文の中で否定される部分のことをいいます。ですから，Gary did
not drink beer but he did drink whiskey. （ゲーリーはビールは飲まなかったけ
ど，ウイスキーは飲んだ）という文では，否定辞の not は Gary drank beer とい
う命題をスコープに含めるが，Gary drank whiskey は含めないといった言い方
をすることになります。

130

性の意味よりも広いスコープをとっている解釈，（15c）では否定が二つあり，そのうち一つが可能性の意味よりも広いスコープをとっており，もう一つが狭いスコープをとっています。ここで注意しておきたいのが，否定文で使用された場合，否定の not がモダリティよりも広いスコープの解釈をとっているのが can で，may の場合にはそうではないということです。つまり，（15a）では「彼がそれを読んでいない」可能性について述べており，（15b, c）では，that 以下の内容が「ありえない」と述べていることに注意してください。

　次は必然性の意味と否定のスコープ関係です。こちらも分かりやすいようにパラフレーズを書いておくと，（16a）では必然性が否定よりも広いスコープをとっている解釈，（16b）では否定が必然性よりも広いスコープをとっている解釈ということになります。

(16) a.　You mustn't eat it all. (それをすべて食べてはいけない)
　　　　→ It is necessary that you not eat it all.
　　 b.　You needn't eat it all. (それをすべて食べる必要はない)
　　　　→ It is not necessary for you to eat it all.

必然性の意味と否定のスコープ関係について考えてみると，must ではモダリティの意味が否定よりも広いスコープをとる解釈を持っており，ちょうど（15a）の may と同じスコープ関係になっています。need では否定の意味がモダリティの意味よりも広いスコープをとる解釈になっており，（15b, c）の can に対応するという形になっています。

　must は必然性があるということですから，ある命題[12] Φ に対して「必ず Φ である」という状況を表します。一方，can / may は「Φ である可能性がある」という状況を表します。ですから，以下のような論理関係が成り立つことになります。

---

[12] 真か偽かを問える内容を持っている文が表す意味のことです。

(17)　必ず Φ である ↔ Φ ではない可能性はない。(例。「必ず人
　　　は哺乳類である ↔ 人が哺乳類ではない可能性はない」)

この論理関係を頭に入れた上で，以下の表 4.2 を見てください。必
然性のモダリティを伴う文と可能性のモダリティを伴う文では，肯
定・否定をひっくり返すことで論理的に同じ意味になりえます。否
定文の時，must は否定よりも広いスコープ，can は否定のほうが
広いスコープをとる解釈だったということも確認しておきたいとこ
ろです。また，not necessarily で表される「必然性がない」という
事態は，may で表される可能性と肯定・否定が逆の意味になりま
す。not necessarily は need not と同じく，否定のほうがモダリ
ティよりも広いスコープをとる性質がありますし，may は否定よ
りも広いスコープをとるという性質があったということも確認して
おきたいところです。

必然性	可能性
(i)　He must be guilty.	He can't be not guilty.
彼は有罪に違いない。	彼は有罪でないはずがない。
(ii)　He must be not guilty.	He can't be guilty.
彼は有罪でないに違いない。	彼は有罪であるはずがない。
(iii)　He isn't necessarily guilty.	He may be not guilty.
彼は必ずしも有罪ではない。	彼は有罪でないかもしれない。
(iv)　He isn't necessarily not guilty	He may be guilty.
彼は必ずしも有罪でないとは限らない。	彼は有罪かもしれない。

表 4.2：必然性と可能性の関係

これに加えて，必然性の次に強い意味を表す中間的モダリティもあ
ります。要するに，should, ought, probable, likely, appear,
seem などで表されるモダリティのことです。以下の例では，
should が使用されている (18b) が中間的モダリティで，(18a) と
は異なり，会議が終わっていない可能性を認めつつも，(18c) より

は会議が終わっているという状況に対するより強いコミットメント
が感じられるのでちょうど中間に当たるというわけです。

(18) a. The meeting **must** be over by now.
　　　　（会議はもう今頃終わっているに違いない）

　　 b. The meeting **should** be over by now.
　　　　（会議はもう今頃終わっているはずだ）

　　 c. The meeting **may** be over by now.
　　　　（会議はもう今頃終わっているかもしれない）

このように，英語ではモダリティが否定より広いスコープも狭いス
コープも取る可能性があります。以下にまとめておきましょう。

否定 > モダリティ	モダリティ > 否定
can	may（認識的）
may（義務的）	must
have to	ought to
need to	should

(19)　否定 > モダリティ

　　 a. John cannot go to the party.
　　　　（ジョンがパーティーに行くはずがない）

　　 b. John may not go to the party.
　　　　（ジョンはパーティーに行ってはいけない）

　　 c. John doesn't have to go to the party.
　　　　（ジョンはパーティーに行かなくてもよい）

　　 d. John doesn't need to go to the party.
　　　　（ジョンはパーティーに引く必要がない）

(20)　モダリティ > 否定

　　 a. John may not go to the party.
　　　　（ジョンはパーティーに行かないかもしれない）

b. John must not go to the party.

（ジョンはパーティーに行ってはいけない）

c. John should not go to the party.

（ジョンはパーティーに行くべきではない）

d. John ought not to go to the party.

（ジョンはパーティーに行くべきではない）

時制と相と法

・英語では，過去のことは過去形，それ以外を現在形で表す時制というシステムがある。

・相は，動作や状況がどのように捉えられているかという要因に関わる。

・法は，動作や状況の捉え方の心境を表す要因で，直接法，命令法，仮定法がある。なお，助動詞などを用いて豊富なモダリティが表現されることもある。

4.2.　相

　英語の動詞の活用に関わるシステムとして，時制，相，法があると話しましたが，相について詳しく掘り下げていくことにしましょう。これが理論言語学と英語教育で一番温度差のある話題なのではないかと思います。

　相とは，状態や出来事に関する時間的な構造の捉え方に関わるものです。相には，語彙的相（aktionsarten, lexical aspect）ないしは，状況相（situation aspect）という呼び名がある，語や句の持つ時間的特性によって分類されるものと，視点相（viewpoint aspect）ないしは文法相（grammatical aspect）と呼ばれる状況のとらえ方に関わる相の 2 種類があります（Smith（1997））。

4.2.1. 語彙的相

状況はそれ自体が持つ時間的な構造により，いくつかのタイプに分類することができます。学校英文法では，状態動詞と動作動詞という動詞の種類に関する区別がありますが，語彙的相はそれを詳しくしたものと考えてよいかもしれません。語彙的相は，主に動詞とその項などに関わります。状況のタイプは大きく二つに分けると，状態（states）か出来事（events）に分かれます。変化が表現されていないのが状態で，されているのが出来事であると考えられます。

(21) a. 状態：静的なもので，時間が経っても均一な状況。(e.g. John knows the answer., Nancy loves him. etc.)

　　 b. 出来事：時間を通じて状況が変わる。変化があり，動的。

言うなれば，状態は静止画のようなもので，出来事は動画のようなものです。また，これはあくまで言語的に表現されているものであって，現実とは直接の関係がないということには注意が必要です。たとえば，愛情は永遠に続かず，途絶えることもあるのが現実ですが，文法的には状態として表されるということです。[13]

状態と出来事を区別することにより，以下のような事例が説明できます。まず，What {happened / occurred / took place} was (that)

---

[13] 動作と状態を区別するテストとされてきたものの，実際には動作主性に関わる（agentive, volitional）テストであったものは少なくありません。たとえば，命令文で使用できるのは出来事，できないのは状態，deliberately, carefully といった副詞が修飾できるのは出来事，できないのは状態，コントロール述部（forbid, persuade, try など。3.3 節を参照）の補文になれるのは出来事で，できないのは状態というテストがそういったものです。実際には，Be careful! のように状態でも命令文になることはありますし，I persuaded them to be less formal. のように状態でもコントロール述部 persuaded の補文に使用できることがあります。また，bleed, die, fall のように，動作主ではない主語が使用される出来事（非対格動詞。2.4 節参照）もあります。ただし，少なくとも動作主が主語であれば述部は動作ですから，教育上の方便として使用することは可能かもしれません。

… の … に使用できるのは出来事であって，状態ではありません。

(22)　What happened was that …

　　　a.　*David was Scottish.［状態］

　　　b.　Mary kissed the doll.

　　　　　（メアリーが人形にキスをした）［出来事］

　　　c.　Peter danced a jig.（ピーターがジグを踊った）［出来事］

また，状態は疑似分裂文で表現されません。[14]

(23) a.　*What John did was know the answer.［状態］

　　　b.　What John did was run.

　　　　　（ジョンがしたのは走ったことだ）［出来事］

　　　c.　What John did was build a house.

　　　　　（ジョンがしたのは家を建てたことだ）［出来事］

基本的に状態は進行形にはならないと言われています。[15] ですから，know を進行形で使用することは基本的にできません。

(24) a.　*John is knowing the answer.［状態］

　　　b.　John is running.（ジョンが走っている）［出来事］

　　　c.　John is building a house.

　　　　　（ジョンが家を建てている）［出来事］

状態は静的で，発話が行われた時点において，状況が成立しているという特徴があります。一方，出来事は動的で，単純現在形で習慣的な解釈を表すことができます。

---

[14] what を用いてどのような動作が行われたのかに焦点を当てるような構文を疑似分裂文と呼んでいます。なお，学校英文法で強調構文と呼ばれる it を用いるタイプの文は，欧米の文法書や理論言語学では分裂文（cleft sentence）と呼ぶのが普通です。

[15] 例外はこの節の後で説明します。状態が恒常的ではなく，一時的であるということを示す場合には進行形になることがあります。

(25) a.　Steve likes chocolates.
　　　　（スティーブはチョコレートが好きです）［習慣的な解釈なし（状態）］

　　b.　John knows the answer.
　　　　（ジョンが答えを知っています）［習慣的な解釈なし（状態）］

　　c.　The sun rises in the east.
　　　　（太陽は東から昇ります）［習慣的（出来事）］

　　d.　Charlie plays baseball every Sunday.
　　　　（チャーリーは毎週日曜に野球をします）［習慣的（出来事）］

静的なものと動的なものの区別は言語表現上のもので，「ジョンが寝ている」という同じ状況を状態としても出来事としても記述することができます。(26a) にあるように，英語では形容詞を中心とした述部は状態のみを表しますが，動詞句は状態でも出来事でも記述することができます。

(26) a.　John is asleep.
　　　　［静的（状態を表すため，進行形は不可 *John is being asleep.)］

　　b.　John is sleeping.［動的（出来事）］

出来事を表す語彙的相には，さらなる下位区分があります。まず，動作主がある行為を行い，終了となる点がなくいくらでも続けることができるような動作を表す状況があります。これらは，活動（activity）と呼んでいます。たとえば，踊ったり，歩いたりする活動は，動作主が続けようと思えばいくらでも続けられるもので，終わりになる節目は表現されていません。

(27) a.　Kim danced.（キムは踊った）

　　b.　Pat walked in the park.（パットは公園を歩いた）

そして，ある活動を一定の時間続けることができ，行為を成し遂げる終点がある出来事は達成（accomplishment）と呼んでいます。

(28) a.　Richard wrote the letter.（リチャードは手紙を書いた）

　　　 b.　Colin built the house.（コリンは家を建てた）

達成と同じように，出来事の終点があるものの，出来事を継続する
時間が表現されず，一瞬で終了するような出来事を表すものは到達
（achievement）と呼んでいます。たとえば，(29a) の「頂上に達す
る」という出来事の終点に到達するのは一瞬の出来事ですし，(29b)
の「ひびに気づく」という終点に到達するのも一瞬で終わります。
それに対して，(28) にある「手紙を書く」ことや「家を建てる」達
成には，活動中に一定の時間が存在します。出来事を継続する時間
があるのか，一瞬の出来事なのかが達成と到達の区別に当たります。

(29) a.　They reached the summit.（彼らは頂上に着いた）

　　　 b.　I noticed the flaw in the cup.

　　　　　（カップにひびが入っているのに気づいた）

到達の一種とされることもありますが，(30) にあるような完結す
る時点がなく，繰り返しが可能な出来事を瞬間行為（semelfactive）
と呼ぶこともあります（Comrie (1976)）。咳の1回1回や，ドアの
ノックの1回1回は瞬間的に終えられる動作ですが，それを何度
か繰り返すことができるのが，(29) の通常の到達と異なるところ
です。頂上に着いたり，ひびに気づくことを何度も繰り返すことは
できません。また，進行形になると，繰り返しの意味が出てきます。

(30) a.　Steve coughed.（スティーブは咳をした）

　　　 b.　Alex knocked on the door.（アレックスはドアをノックした）

　　　 c.　Steve is coughing.（スティーブは（何度も）咳をしている）

　　　 d.　Alex is knocking on the door.

　　　　　（アレックスは（何度も）ドアをノックしている）

というわけで，状況タイプを区別していくと，まずは状態か出来事
で区別されます。

138

(31) a. 状態：時間を通じて状況が変わらない
　　 b. 出来事：時間を通じて状況が変わる

出来事は，継続的なのか，瞬間的なのかで以下のように区別されます。到達や，（33）で紹介する達成のように，出来事の終点が表されるものを完結的（telic）ということがあります。

(32) a. 過程（継続的）：状況に継続的な時間の幅がある
　　 b. 到達（瞬間的）：一時点で瞬間的に起こって終わる（e.g. He died., They reached the summit., etc.）

そして，過程を表す出来事には完結的か非完結的かで以下の区分があることになります。

(33) a. 達成（完結的）：持続的な状況を表し，終結する時点がある（e.g. They crossed the street., She made a chair., etc.）
　　 b. 活動（非完結的）：状況が終結する時点がなく，繰り返すことが可能（e.g. They ran., She swam., etc.）

これらの区分を樹形図で表すと，以下のようになります。

なお，どういった動詞がどういった状況を表すのかということは，絶対的に決まっているわけではありません。たとえば，run という動詞でも以下のように非完結的であったり，完結的であったりさまざまな解釈がありえます。run に結びつく要素に左右されるわけです。「公園を走る」場合は距離の終わりや活動の終点が示されてい

る訳ではありませんから，通常は非完結的な解釈になりますが，「1
マイル走る」や「図書館まで走る」は活動の終点が示されています
から，完結的な解釈になります。[16] 完結的な状況は in 句により修
飾され，非完結的なものは修飾されず，非完結的な状況は for 句に
より修飾され，完結的なものは修飾されないという判別方法もあり
ます。

(34) a.　Andy ran in the park ({??in an hour, for an hour}).
　　　　　（アンディーは（{??1 時間で，1 時間}）公園を走った）［通常は
　　　　　非完結的だが，終点が意識されている状況である場合，完結的］

　　 b.　Andy ran {a mile, to the library}({in an hour, ??for an
　　　　　hour}).（アンディーは（{1 時間で，??1 時間}）{1 マイル走っ
　　　　　た，図書館まで走った}）［完結的］

達成と到達の区別では，達成には継続時間があるのに対し，到達は
一瞬で終わる出来事という違いがあります。そこで，in + 時点を表
す語句が使用されると，達成の（35a）では手紙を書く時間が表さ
れ，到達の（35b）では出来事が起こるまでの時間が表され「あと
〜で」という意味で解釈されます。

(35) a.　Richard will write the letter in an hour.
　　　　　（リチャードは 1 時間で手紙を書きます）

　　 b.　They will reach the summit in an hour.
　　　　　（彼らはあと 1 時間で頂上に到着します）

出来事に分類される状況でも，begin や stop といった語彙的に何
かを始めたり終えたりするという意味を持つ動詞の補文に使用でき
るのは，過程（継続的）の意味が含まれていないといけない，つま
り瞬間的な出来事ではないという特徴があります。何かを始めたり

---

[16] evaporate（蒸発する）や melt（溶ける）のように，語彙的に完結的である
ことが定まっている動詞も中にはあります。

140

終えたりするためには，一定期間の活動が必要になるためです。

(36) a.　活動
    i.　Kim began to dance.（キムは踊り始めた）
    ii.　Kim stopped dancing.（キムは踊るのをやめた）
  b.　達成
    i.　Richard began to write the letter.
     （リチャードは手紙を書き始めた）
    ii.　Richard stopped writing the letter.
     （リチャードは手紙を書くのをやめた）
  c.　到達
    i. *They began to reach the summit.
    ii. *They stopped reaching the summit.

なお，stop の補文になっている場合，活動と達成において生じる，行為の最終段階に関する意味にも注意が必要です。(36a ii) では，「キムが一通り踊りたいところまでは踊らなかった」というニュアンスがあり，達成の (36b ii) では「リチャードが手紙を書き終えなかった」という意味解釈が強く，書き終えたという状況は少し想像しにくくなります。逆に，(37) のように finish の補文になれば，活動では一通りの活動を終えた，達成はその行為が終了した，という推意を表すようになります。

(37) a.　Kim finished dancing.（キムは踊り終えた）
  b.　Richard finished writing the letter.
    （リチャードは手紙を書き終えた）

almost は活動と使用されれば，ほぼ否定の意味を表すことになります。ですから，以下の例ではキムは踊っていないということになります。達成の場合，活動の時と同じく「手紙を書かなかった」という否定の意味と，手紙を書く工程には入っても，書き終えるところまではいかなかったという二つの意味を持つようになります。

(38) a.　Kim almost danced. (キムはほぼ踊るところだった)

　　 b.　Richard almost wrote the letter.

　　　　(リチャードはほぼ {手紙を書くところだった，手紙を書き終え
　　　　るところだった})

活動は進行形が完了形で表される完了の意味を含みますが，達成で
はそういう推意はありません。活動は少しの時間でも長い時間でも
活動をするという事実には変わりがなく，基本的にいくらでもその
活動を続けることができ，終点が表されません。そのため，少しだ
けでも踊るという活動があれば，「踊った」ことになりますし，た
くさん踊っても「踊った」ことになります。一方，達成では「手紙
を書いて，終える」ところまで終了しなければ「書いた」という完
了の意味にはなりません。ですから，進行形の内容を完了形で表す
ことができないのです。

(39) a.　Kim is dancing. (キムが踊っている) ⇝ Kim has danced.
　　　　(キムが踊った)

　　 b.　Richard is writing the letter. (リチャードが手紙を書いてい
　　　　る) ⇝ Richard has wrote the letter. (リチャードは手紙を書
　　　　いた)

状態は変化を含まない状況を表しますから，(40a) にあるように基
本的に進行形にはしませんが，(40b) のように一時的な状態の場
合，進行形にすることがあります。また，(40c, d) のように頭の
中の活動であるということを think や understand の進行形が表現
することもあります (Huddleston and Pullum (2002))。[17]

---

[17]　歴史的に進行形は 18 世紀の前半に主に従属節で使われ始め，やがて主節に
もその使用が広がっていったようです。当初は，能動態のみで使用され，受動態
で使用されるようになったのは 18 世紀の終わり頃から 20 世紀にかけての頃の
ようです。また，2003 年からマクドナルドがスローガンとして I'm lovin' it と
いう標語を掲げるようになりましたが，この進行形に関してはこころよく思わな

142

(40) a. *James is liking Britain.

    b. I am living in Kyoto now.

      （今は京都に住んでいます（が，おそらくおそらく近いうちに引っ越すというニュアンスがある））

    c. I'm thinking about what they said.

      （彼らが言ったことについて考えています）

    d. I'm understanding you but I'm not believing you.

      （あなたの言うことはわかるけど，信じられないなぁ）

理解の度合いや信じる度合いや状況が変わっていくという様子を表す時には，understand や believe, resemble といった状態を表す動詞を進行形で使うことがあります（ibid.）。

(41) a. I am understanding more about quantum mechanics as each day goes by.（日々過ぎ去る毎に，量子力学のことが分かるようになっている）

    b. John is believing more and more in his abilities.

      （ジョンは自分の能力を信じ始めている）

    c. John is resembling his father more and more as each day goes by.（日々過ぎ去る毎に，ジョンは父に似てきている）

be 動詞は典型的には状態で使用されますが，「ふるまっている」という意味を持つ場合に，進行形になることがあります（ibid.）。

(42) a. John is being noisy.（ジョンがうるさい）

い英語母語話者もかなりいるようです（Hejná and Walkden (2022)）。think や love といった（状態）動詞が進行形で使用されるようになってきたのは現代英語の特徴で，このマクドナルドの標語は love を like や enjoy といったニュアンスで使用できると感じている話者の場合，容認可能な傾向があるようです。標語というものには新奇性が求められ，破格や詩的な表現が増える傾向がありますから，あまり一般的でない用法が使用されるのは不思議ではないのかもしれません。

  b.　Bill is being difficult.（ジョンは難しい）

というわけで，状態の「続く」という意味も，ある程度慣習的に決まった語彙的な意味で，一時性などを示す必要がある場合には進行形になることがあります。[18]

---

[18] 状態に関して，個体レベル述語（individual level predicates）と呼ばれる個体の生来の長く続く性質を表す述語と，場面レベル述語（stage level predicates）と呼ばれる変遷する可能性のある一時的な状況を表す述語が区別されることがあります。これらを区別する理由として，場面レベル述語は there 構文で使用できても，個体レベル述語は使用できないという事例があります（Milsark (1974)）。

  (i) a.　There were people drunk.（酔っ払っている人たちがいました）［場面レベル述語］

    b.　There were doors open.（開いているドアがありました）［場面レベル述語］

    c.　*There were people intelligent.［個体レベル述語］

    d.　*There were doors wooden.［個体レベル述語］

また，some のついた名詞や単数可算名詞は個体レベル述語では使用できません。また，裸複数名詞ですと，個体レベル述語では一般的な属性を表す意味しかありません。「当時，賢かった人々がいた」という意味にとりにくいのです（ibid.）。

  (ii) a.　*Some people were tall.

    b.　*A man was intelligent.

    c.　People were clever in those days.（当時の人々は賢かった）

一方，場面レベル述語では可能です。また，裸複数名詞の主語が使われると一般的な属性の他に，存在的な意味も可能です（ibid.）。

  (iii) a.　Some people were sick.（休調の悪い人もいた）

    b.　A man was drunk outside.（外で酔っ払っている人がいた）

    c.　People were hungry.（人々はお腹が空いていた，お腹が空いている人々がいた）

個体レベル述語は，過去のエピソードを表す yesterday といった表現と共に用いることはできません。一方，場面レベル述語では可能です。

  (iv) a.　??John was tall yesterday.

    b.　John was drunk yesterday.（ジョンは昨日酔っていた）

また，知覚動詞の目的格補語の位置で個体レベル述語は使用できませんが，場面レベル述語は使用できます。

  (v) a.　*I saw John intelligent.

　語彙的相に関する分類を頭に入れておいた上で，次は視点相について考えていくことにしましょう。

4.2.2.　視点相

　語彙的相は状況そのものの内的な特性でした。英語におけるもう一つの相として，視点相（viewpoint aspect），ないしは文法相（grammatical aspect）と呼ばれる相もあります。視点相は，話者が状況のどの部分に注目しているかに関心があり，状況が視点の中心となる参照点の時間とどのように関係しているのかを表しており，文法的形態素と関わります。大まかに完結相（perfective）と未完結相（imperfective）の2種類に分けることができます。

(43) a.　完結相：状況を全体からみる，外部からみる。状況全体を視野に入れている。

　　 b.　未完結相：状況の一部をみる，内部からみる。状況に関する境界は，話者の意識の外にある。

---

　　 b.　I saw John drunk.（ジョンが酔っているのを見た）

なお，興味深いことに，個体レベル述語が非対格動詞，ないしは受動態である場合には，主語の裸名詞句を存在的に解釈することができます（Carlson and Pelletier (1995)）。

　(vi) a.　Ponds belong to this property.
　　　　　（この土地に所有権がある池がいくつかある）

　　 b.　Counterexamples to this claim are known to me.
　　　　　（この主張に対する反例のいくつかは私が知っている）

また，頻度の副詞（量化副詞。5.1 節も参照のこと）は，主語が固有名詞の場合，個体レベル述語を修飾することができません。主語を不定単数名詞か，裸複数名詞にすると可能になります（ibid.）。

　(vii) a.　John always speaks French.（ジョンはいつもフランス語を話す）

　　 b.　??John always knows French.

　　 c.　A Moroccan always knows French.
　　　　　（モロッコ人は全員フランス語を知っている）

　　 d.　Moroccans always know French.（同上）

視点相は，状況と時制を，出来事の時間（event time）と参照点となる時間（reference time）／トピック時間（topic time）との関係を通して結びつける働きをします（Klein（1994））。基本的な捉え方としては，完結相は出来事の時間（E）が参照点となる時間（R）に含まれているか，両者が同じ状況を表します。(44a) は，過去の時点において，踊ったという出来事がその範囲内で成立している状況を表しています。一方，未完結相は出来事の時間が，参照点となる時間を完全に含むような状況を表します。ですから，(44b) では過去の時点において踊っていたという状況が全面的に成立していた状況を表しています。

　このように，視点相は参照点となる時間，すなわちトピック時間と状況の時間の関係を表します。一方，時制は参照点となる時間と文を発した発話時間（speech time）の関係を表しています。ですから，単純過去形が使用されている (44a) は参照点となる時間が発話時間よりも以前のことであるということを表しています。発話時間はコンテクストにより決定されますので，(44a) では話者が John danced. と発言した時間ということになります。それで，その時間から考えて，それ以前にジョンが踊ったという出来事があったことを述べていることになります。ですから，過去形は参照点となる状況が発話した時間より以前であることを表し，現在形は発話時間が参照点となる状況に含まれているということを表します。また，未来のことを表す表現は，発話時間が参照点となる状況に先行するということを表します。

(44) a.　完結相（e.g. John danced.）

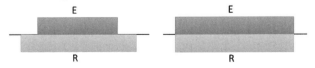

146

b.   未完結相 (e.g. John was dancing.)

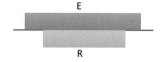

視点相について概観してみると以下のようになります (Comrie (1976))。[19]

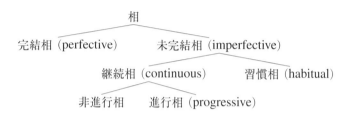

完結相は完結的な解釈が得られますが，完了形である場合もない場合もあります。英語では，完了形は状況時間が話題になっている参照点の時間よりも以前のものであるということを表す働きがあります。また，進行相には出来事を表す述語がなるのが基本で，状態は基本的に進行相にはなりません。継続相は，出来事も状態も可能ですが，出来事の場合，進行形になるのが基本です。

　視点相に関わる語形変化として，英語では完了形と進行形の 2 種類があります（ないしは，両者を足した完了進行形）。進行形は，未完結相 (imperfective) と呼ばれることもあります（上の樹形図にあるとおり，進行相は未完結相ですが，未完結相であれば必ずしも進行相であるとは限りません）。なお，know the answer のような状態述部も未完結相と呼ばれることがあります。英語では，完了形と完了形ではないもの，完結相と未完結相が入り交じったことになっています。すなわち，完了形 (perfect) と完結相 (perfective)

---

[19] Comrie が視点相と語彙的相という区分を提案したわけではありませんが，Comrie のまとめが視点相に該当すると考え，ここで紹介しています。

は必ずしも一致するわけではありません。以下の表を見て確認して
みてください。

	完結相	未完結相
完了形	I have walked	I have been walking
完了形ではないもの	I walked	I was walking

完了形と完結相

　I have walked は語形としても完了形で，意味的にも完結相です。
I walked は単純過去形で，完了形ではありませんが，意味的には
完結相です。また，I have been walking は現在完了進行形ですか
ら完了形と言えますが，意味的には未完結相ということになりま
す。

　完結相と未完結相を分けることによって，以下のような区別もで
きます。たとえば，(45a) の完結相の walked ですと，「3 時に歩
くという出来事があった」という意味を表すのみですが，(45b) の
未完結相の was walking ですと，「3 時という状況の捉え方の目安
になる参照点を含んで，さらにそれ以上にわたって歩くという出来
事があった」という意味になります。状態も未完結相の一種ですか
ら，(45c) は「3 時という参照点を含んで，さらにそれ以上にわ
たって寝ているという状態にあった」という意味になります。つま
り，視点相には，出来事の時間と参照点になる時間を関係づけると
いう働きがあると言えるわけです。

(45) a.　At 3pm I walked. (3 時に歩いた)

　　 b.　At 3 pm I was waking. (3 時に歩いていた)

　　 c.　At 3 pm I was asleep. (3 時に寝ていた)

視点相の働きを確認しておくと，現在完了形と単純現在形の区別が
理解しやすくなります。(46b) の単純現在形は習慣的に歩くという
意味を表し，(46a) の現在完了形は歩くという出来事がこの文を発

した時間より以前に起こったという意味を表します。ですから、現在形という時制は参照点となる時間が現在であるということを示しています。完了形は、出来事となる時間がこの参照点となる時間より以前の出来事であるということを表すことになります。時制には参照点となる時間と文を発する時間を関連付ける働きがあり、現在（完了）形はこの二つの時間が現在であるということを示しています。

(46) a. I have walked.（私は歩いた）
  b. I walk.（私は歩きます）

進行形は未完結相で、（47b）では「数ヶ月前」という参照点となる時間を含んで「論文を書く」という出来事があったという意味になるので、必ずしも論文を書き終えたかどうかは分かりません。一方で、（47a）は単純過去形で完結相なので論文を書き終えているという含意があります。

(47) a. Chris wrote a paper a few months ago.
    （クリスは数ヶ月前に論文を書いた）
  b. Chris was writing a paper a few months ago.
    （クリスは数ヶ月前に論文を書いていた）

完了進行形は未完結相ですが、出来事が一時的で、ある程度限られた期間で終わるという推意を含むことになります。

(48) a. I've been reading your book.
    （あなたの本をまだ読んでいます）
  b. I've been waiting for you.
    （あなたのことをずっと待っていますよ）

現在完了形の（49a）は完結相で、修理が終わっているという含意がありますが、（49b）では未完結相の進行形が使用されているため、終えているかどうかは分からないということになります。

(49) a.　They've fixed the chair.（彼らは椅子を修理した）
　　 b.　They've been fixing the chair.（彼らは椅子を修理していた）

また，語彙的相の到達は常に一瞬で，出来事の終点に意味の重点がありますから，繰り返しが不可能な場合に進行形になるとそういう終点に近づきつつあるという意味を表すようになります。

(50) a.　James is dying.（ジェイムズは死にそうだ）
　　 b.　They are reaching the summit.
　　　　（彼らは頂上に到達しつつある）

また，スローモーションカメラで撮っているような，少しずつ出来事が進んでいると理解されるような場面で使用することも可能です（Dowty (1979)）。

(51) a.　The critic is noticing the new picture.
　　　　（批評家が新しい絵に注目しはじめている）
　　 b.　Mary is spotting her archenemy at the party at the moment.（メアリーが今，パーティーで宿敵の存在に気づき始めている）
　　 c.　John is gradually realising that you are right.
　　　　（ジョンはあなたが正しいということに徐々に気づき始めている）
　　 d.　One runner went down as he ran next to where the bomb was exploding.（爆弾が爆発しつつある横を走っていた人も倒れた）

(30) で扱いましたが，瞬間行為が進行形で使用される場合，その行為が繰り返され，その中の一つの行為にスローモーションカメラから覗いているといったようなニュアンスが含まれるようになります（ibid.）。

(52) a.　The pebble was hitting the water.（小石が水面を叩いていた）
　　 b.　The boy was jumping when I came in.

　（私が入ってきたとき，少年がジャンプしていた）
　c.　Mary was knocking at my door.
　　　（メアリーが私のドアをノックしていた）

次の 4.3 節では，完了形の意味について掘り下げていくことにしましょう。

相について
・状況がどのように捉えられているかによって，相は変化しうる。たとえば，完結的か，非完結的か，継続的か，一瞬かで相の性質は変わる（語彙的相）。
・英語の相に関わる語形として完了形があるが，必ずしも完結的な意味を持っているわけではない。また，進行形や状態述部が未完結相を表したりする（視点相）。

4.3.　完了相

　語彙的相と視点相について話をしてきました。ここでは，完了相の解釈がどのように決まっているのかについて，Iatridou et al. (2003) と Pancheva (2003) の議論の一部をまとめておきましょう。特に，学校英文法では継続（universal perfect）と呼ばれる用法に注目していきます。継続用法では，述部で表される状況が一定の期間にわたってずっと当てはまるという解釈になります。また，原則的に継続期間を表す副詞句を必要とします。ですから，以下の用例では，病気であったという期間が 1990 年からずっと今まで継続してきた，2 週間ずっと今までボストンに滞在し続けてきたという意味になります。

(53) a.　I have been sick since 1990.
　　　　（1990 年からずっと今まで体調が悪い）
　b.　John has been in Boston for two weeks.

（ジョンは 2 週間ずっと今までボストンにいる）

現在完了形の継続用法で表現されている状況は，ある時点から発話時点まで成立しているものという意味があります。ですから，発話時点で成立していないという表現が続くと矛盾しているように感じられ，but 以下の文が続くのはおかしいと判断されます。

(54) a. *I have been sick ever since 1990 but I'm fine now.

  b. *She has always lived here but she doesn't anymore.

継続用法で使用される述部は，未完結相の中に含まれている継続相であると言えます。[20] 継続相そのものは，状態・出来事に輪郭がなく，終点がはっきりと示されていない特徴があります。語彙的相の観点から見れば状態，そして，出来事を表す場合は完了進行形で使用されるのがこの用法です。

　これ以外の用法は existential perfect と呼ばれるもので，その下位区分ははっきりとしないこともあります。[21] まず，経験用法と呼ばれるものがあり，主語がある種の経験をしたということを表します。(53a) と同じ例文 (55a) が経験の意味を表すこともあります。また，継続用法とは異なり，継続相である必要はないので，(55b) にあるように have read でも問題ないことになります。

(55) a. I have been sick since 1990.

   （1990 年から体調が悪くなっていた）

  b. I have read *The Brothers Karamazov* five times.

   （カラマーゾフの兄弟は 5 回読んだことがある）

---

　[20] 実際には，Iatridou et al. (2003) は非有界性（unboundedness）が含まれている述部と主張しています。継続相は非有界的ですから，継続相という捉え方をここでは採用しておきます。

　[21] 継続のほかに完了，結果，経験の 4 用法を含めているのは Comrie (1976) です。

結果用法は完結的な述部の場合に可能で，過去の結果が現在に及んでいる場合に可能です。ですから，以下では眼鏡をなくして今も見つかっていない場合に結果用法として判断されます。仮にすでに見つかっているのであれば，経験用法として解釈されることになります。

(56)　I have lost my glasses.（眼鏡をなくしてしまった）

最後が完了用法で，ちょうど起こったばかりの出来事について述べるものがよくあります。

(57)　He has just graduated from college.
　　　（彼はちょうど大学を卒業したところだ）

これらの用法の中では，継続用法が特殊で特定の修飾語句，たとえば since 句がなければ継続用法の解釈は不可能になります。(58)は経験用法，ないしは完了用法では可能ですが，継続用法として解釈するのは難しいとされます。

(58)　Mary has been sick.
　　　（メアリーは体調が悪かった／体調が悪くなった）

また，完了進行形は継続用法を表すのが通常と言われることが多いですが，以下の例では経験用法か完了用法のみで可能です。(59)の後で but I'm done now. といった表現を続けることができますから，必ずしも発話時の時点まで動作が継続しているわけではなく，それゆえ継続用法であるとは言えないのです。[22]

(59)　I have been cooking.（調理をしたことがある／調理をしていた）

---

[22]　現在完了形の継続用法は必ず現在も当てはまるという意味があります。ですから，現在に当てはまってもよいとする完了用法とは違うということになります。

そういうわけで，継続用法が可能になるためには以下のような副詞表現が必要となってきます。また，これらは継続用法が可能な表現と，必ず継続用法になる表現とに分かれるので注意が必要なところです。

(60) a.　継続用法が可能：since + 過去を示す語句，for + 期間を示す語句

　　　 b.　継続用法が必要：at least since ～, ever since ～, always, for five days now など

　さて，ここで完結相の話題も入れて考えてみましょう。(61) では達成を意味しますから，完了形は完結性を表すということが言えそうと思うかもしれません。

(61)　He has read the book #but he didn't finish it.
　　　（彼は本を読んでしまったが，#まだ読み終えていない）

完了形が結果用法の意味を表すのは，完結的な状況の時に限られます。状況の終点が明示されなければ，ある出来事が終わったという意味を示すことができないからです。一方，語彙的相でいう活動は経験用法の解釈を許しますが，結果用法の解釈は出てきません。活動の終わりが明示的ではないからです。なお，裸複数名詞である apples は非完結的な解釈，単数可算名詞である an apple が完結的な解釈になる理由については，次節の 4.4 節を参照してください。

(62) a.　I have danced.（私は踊った）［活動 → 経験用法］

　　　 b.　I have eaten apples.（私はリンゴを食べた）［活動 → 経験用法］

(63) a.　I have lost my glasses.
　　　　（眼鏡をなくしてしまった）［達成 → 経験用法か結果用法］

　　　 b.　I have eaten an apple.
　　　　（私はリンゴを食べてしまった）［達成 → 経験用法か結果用法］

ever since は継続用法を必要とし，述部に継続相を必要とします。(64a) が容認されないのは，活動つまり，出来事である dance が継続相の進行形になっていないからです。また，(64b) では draw の目的語が単数可算名詞である a circle であることから，出来事の終点が示される完結相になってしまっています。そのため，継続用法としては容認不可能とされています。

(64) a. *He has danced ever since this morning.
　　 b. *He has drawn a circle ever since this morning.

というわけで，継続用法の場合，ある種の副詞が必要で，語彙的相でいう状態か，出来事の場合には完了進行形という形で表されるということがはっきりしました。つまり，未完了相である継続相であることが必要になります。

　これまでの完了相の解釈をまとめておきましょう。チェック (✓) は，左端の要件が揃えば可能であるということを示しています。継続用法で必要とされる副詞のほかに，経験用法や結果用法であることを示す副詞もあります (Pancheva (2003))。[23] 経験用法はどの述部の場合にでも可能で，継続用法には特定の副詞と継続相の述部が必要で，結果用法には述部に完結性が必要であるということがよく分かります。

---

[23] universal perfect が継続用法で，それ以外は existential perfect という分類になっており，existential perfect の中でも経験用法と結果用法の区別のみが扱われています。日本の学校英文法の継続，経験，結果，完了の4分類とは異なることに注意が必要です。

	継続用法	経験用法	結果用法
状態	✓	✓	
進行形	✓	✓	
非進行形の活動		✓	
非進行形の完結的な状況		✓	✓
副詞の存在	always, ever since, at least since 〜, for 〜 now は必ず継続用法, since 〜, for 〜 は継続用法として解釈することが可能になる副詞	before, 〜 times, lately	just now

そういうわけで，時制が参照点となる時間と文を発する時間の関係を表す要因で，視点相が参照点となる時間と状況の時間の関係を表す要因で，語彙的相がどういった状況なのかを表す要因であると考えることができます。

　次の 4.4 節では漸進加増的主題名詞句 (incremental theme)[24] や完結性に関して，もう少し掘り下げていきたいと思います。

4.4.　相についてもっと詳しく

　時制，相，法に関して，英語教育でこれくらい触れられればいいかなという話をしましたが，もう少し相について考えてみます。これ以降は言語学の話になりますが，英語教育でも役に立つ知識には

---

[24]「主題」とは言っても，意味的な概念ではなく，通常，他動詞文の目的語や非対格動詞と呼ばれる自動詞の意図を持たない主語のことです。述部の項に対する概念です。

なるかと思われます。

4.2 節でも少しだけ触れましたが，実は同じ動詞でも完結的であったり，完結的でなかったりすることがあります。以下の例文では，創造・消費活動の動詞が完結的であったりなかったりする例です。in an hour は終点までの時間を示しますので，完結的な述部と相性がよく，for an hour は継続時間を示し非完結的な述部と相性がよいということを示すテストになっていることを確認しておきましょう。

(65) a. Jane ate ice cream for an hour.
       （ジェインはアイスクリームを 1 時間食べた）［非完結的］
   b. Jane ate an ice cream corn in an hour.
       （ジェインは 1 時間でアイスクリームコーンを食べた）［完結的］
   c. Dan drank wine for an hour.
       （ダンは 1 時間ワインを飲んだ）［非完結的］
   d. Dan drank a bottle of wine in an hour.
       （ダンは 1 時間でボトル 1 本のワインを飲んだ）［完結的］
   e. Jason built houses for two weeks.
       （ジェイソンは家を 2 週間建てた）［非完結的］
   f. Jason built the house in two weeks.
       （ジェイソンは家を 2 週間で建てた）［完結的］

(65a, b) では，同じ動詞の ate が使われていますが，完結的な解釈と非完結的な解釈に分かれています。違いは目的語の名詞句で，ice cream は裸の質量名詞でその量が定まっていませんから，少量だけを食べていても (65a) は成立しますし，アイスクリームコーンを 2 本や 3 本など大量に食べても状況が成立します。一方，(65b) では達成として完結的な解釈が得られています。その理由は，目的語が an ice cream corn という単数可算名詞で，その輪郭・境界線がはっきりとしていることです。1.2 節で名詞の可算・不可算の違いについて説明しましたが，an ice cream corn の一部

や半分を食べただけでは，（65b）の文は成立しません。an ice cream corn を食べ終えるには，アイスクリームコーン 1 本全部を食べてしまうという終点に到達しないと（65b）は成立しないわけです。同様に，（65c）では目的語が裸質量名詞の wine ですから，ワインの量は不定量であり，少量であっても大量であっても，とりあえずダンがワインを飲んだという事実があれば，この文は成立します。一方で，（65d）の a bottle of wine はその輪郭・境界線がはっきりとしていますので，この文が成立するためには，ダンがボトル 1 本のワインをすべて消費する必要があります。また，（65e）では裸複数名詞の houses が使用されていますから，この文が成立するためにはジェイソンは 2 戸以上の家を建てるだけでもいいですし，もっとたくさんの家を建ててもよいということになり，家を建て終わる終点が明らかになっていません。しかし，（65f）では the house と特定の 1 戸の家が示されており，この家を建て終わればその出来事が終わるという終点が決まっているわけですから，達成として完結的な解釈が得られることになります。

　Krifka（1989, 1992）によれば，こういった完結性の違いは出来事が分離されたり，加えられたりした時にどう捉えられるかが問題であると主張されました。つまり，あるもの（entities）e_3 を分割して，e_1 と e_2 に分けたとき，その下位部分がどのように捉えられるかというのが問題になると考えられたのです。

このシステムでは，e_3 を分割して e_1, e_2 に分けてそれぞれにおいて同じ状況が当てはまったり，e_1, e_2 を足して e_3 にしても同じ状況が当てはまったりする場合，累積的（cumulative）であると考えられました。たとえば，裸複数名詞である apples を含む eat apples があったとして，それを二つのグループ（eat apples₁ と eat ap-

158

ples₂）に分けたとしても，それぞれのグループで eat apples であることに変わりはありません。[25] 逆に，決まったサイズを持っている（quantized）[26] 場合には，同じ状況が当てはまりません。たとえば，eat five apples は five によってサイズが決められていますが，eat five apples を分割してしまうと eat five apples のままではいられなくなります（必ずそれ以下の数字になります）。逆にある eat five apples に他の eat five apples を足してしまうと eat ten apples になってしまうので，e_1，e_2，e_3 のすべてにおいて eat five apples という状況は成立しなくなってしまいます。この概念を活動に転用すると，dance という動詞で表された出来事は累積的であるということが分かります。なぜなら，ダンスをするという出来事をどれだけ分割しても，そのそれぞれにおいてダンスをするという出来事は変わりませんし，それらを足してもやはりダンスをするという出来

apples は分割しても

apples のまま

five apples は分割すると

five apples ではなくなる

---

[25] ただし，apples₁ にも apples₂ にもリンゴは二つ以上あるものとします。単数形になるのを避けるためです。

[26] この訳語は，荻原（2016）に従っています。

事に変わりはないからです。

　Krifka は，完結性は漸進加増的主題名詞句（incremental theme）と呼ばれる動詞の目的語が決定すると主張しています。つまり，創造・消費活動の意味を持つ動詞の目的語があるプロセスを経て変化を伴う場合（増減どちらでも）に当てはまり，その目的語の数量の増減に対応するわけです。ですから，eat apples では，apples が累積的でこの出来事を分割しても，それぞれにおいて eat apples が成立するので非完結的，逆に eat five apples では決まったサイズである 5 個のリンゴを食べて消費した時が出来事の終点に当たり，「5 個のリンゴを食べる」出来事を分割して，それぞれにおいて「5 個のリンゴを食べる」状況は成立しませんから，完結的な解釈になります。

　決まったサイズがない目的語は，裸の質量名詞か裸複数名詞であるという特徴があります。(65) においては質量名詞である ice cream や wine，裸複数名詞の houses は累積的で決まったサイズがありませんので，これを消費したり，創造したりする出来事の終点がないということになります。ですから，全体としては非完結的な解釈につながります。これらの出来事は，ある行為が少しだけ行われても，大々的に行われても状況の成立という観点からは違いがないということになります。一方で，決まったサイズを持っている an ice cream corn, a bottle of wine, the house を目的語として伴う出来事では，その一部分の消費・創造だけでは全体の出来事を表すことができるわけではありません。たとえば，アイスクリームコーンの一部を食べただけでは，アイスクリームコーン一つをすべて食べるという行為と同じとは言えませんし，同じく，ワインを少し飲んだだけでは，ワインボトル 1 本すべて飲んだということにはなりません。また，家の一部を作っただけでは，特定の家を完全に建てたという状況が成立するわけではありません。

　方向移動動詞（directed motion verb）を使用した文でも，同種

160

の現象が観察されます。以下の例を見てみてください。[27]

(66) a. The balloon ascended for an hour.
　　　　（気球は1時間上昇した）［非完結的］

　　 b. The submarine ascended in an hour.
　　　　（潜水艦は1時間で浮上した）［完結的］

移動動詞の場合，状況によってその出来事の終点が決まったり，決まらなかったりすることになります。たとえば，(66a) に示されている気球が上昇するという出来事では，どこまで昇るかという終点がはっきりとしているわけではありません。まさか，大気圏を越えて宇宙までということはないでしょうが，広い大空のどこかまで昇ればよいという解釈になるため，非完結的な意味になるわけです。一方で，(66b) では，水面の上にまで来ればよいという終点が分かっていますので，達成として完結的な解釈が得られることになります。

　(66) は方向移動動詞が完結的であったり，非完結的であったりする例ですが，漸進加増的主題名詞句が使用されていません。気球や潜水艦の量は増えることも減ることもないからです。そこで，決まったサイズという概念を移動の PATH（経路）に当てはめるという分析や，出来事のある位置から別の位置へのマッピングといった分析が提案されるようになってきました。つまり，何かが移動する時には，それが通る経路やプロセスがあるはずで，この経路やプロセスを最初から最後まですべて辿ったという場合には完結的な解釈が得られ，一部でも辿れば成立するという累積的な場合には，非完

---

[27] 出来事を測りとる（measure out）という言い方のほうがわかりやすいかもしれません（Tenny (1987)）。たとえば，ate an apple ではリンゴが半分食べられれば出来事も半分終わるという言い方ができます。また，run five kilometres や fly to Italy といった移動動詞では，移動した経路によって出来事が測りとられるので，終点が示されることになります。

結的な解釈になるという分析が採用されるようになってきたわけです。

　Krifka の分析がそのまま適用できなさそうなのが，程度到達動詞（degree achievement verb）と呼ばれる動詞を使用した例です。[28] なぜなら，程度到達動詞で表されている出来事は動詞が表す特定の特性であって，主題名詞句や経路とは関係がないからです。cool は程度到達動詞の例の一つですが，完結的な解釈も非完結的な解釈もありえることになります。

(67) a.　The soup cooled in ten minutes.
　　　　　（スープが10分で冷めた）［完結的］
　　 b.　The soup cooled for ten minutes.
　　　　　（スープが10分間冷まされていた）［非完結的］

この現象を Kennedy and Levin（2008）に従って，少し掘り下げてみましょう。cool が完結的になる場合は，「スープが冷たい」と文脈上で判断される温度の基準があり，その点まで到達したということになります。つまり，The soup has cooled と完了の意味で解釈できる完了形で言い換えることができるような，完結的な出来事が存在したということになります。一方で，非完結的な解釈も可能ということは，「スープの温度が下がったのだが，まだ十分に冷たいというほどでもない（多少，ぬるくはなった）」という状況もあり得ることになります。つまり，The soup is cooling と進行形で言い換えることができるような，出来事の経緯の途中であるということを示す可能性もあるということです。

---

[28]　程度到達動詞の他に，以下の push the cart のような出来事が分割不可能で，主題名詞句より抽象的な特性に関するスケールの導入を考えなければならないと Ramchand（1997）が指摘しています。

　　(i)　Calum pushed the cart for hours.（カルムが何時間もカートを押した）
また，Krifka の分析の問題点やまとめについては，Rothstein（2004）を参照してください。

　そして，程度到達動詞がすべてこのように完結的な解釈も非完結的な解釈も許容するのかといえば，必ずしもそうではありません。以下のような事例では，完結的な解釈が優勢です。

(68) a.　The sky darkened.（空が暗くなった）
　　 b.　The shirt dried.（シャツが乾いた）
　　 c.　The sink emptied.（シンクが空になった）

これらの違いはどこに起因するのでしょうか。一つの可能性としては，程度到達動詞は形容詞から派生してきた動詞であり，その基礎となる形容詞の性質を受け継いでいるというものです。ここで使用した程度到達動詞の基礎となる形容詞をみてみましょう。

(69) a.　cool（冷たいという基準は文脈から）
　　 b.　dark（暗いのは完全に暗くないといけない）
　　 c.　dry（乾いているのは完全に乾いていないといけない）
　　 d.　empty（空なのは完全に空でないといけない）

「冷たい」と判断する基準は人それぞれです。たとえば，スープが20度で「冷たい」と判断する人もいれば，10度くらいで「冷たい」と感じる人もいるでしょうし，凍る直前の2, 3度くらいじゃないと「冷たい」と感じない人がいるかもしれません。一方，暗さ，乾き，空という状態は何かと比べるという比較基準が明示的でない限りは，基本的に完全にその度合いが満たされていないといけないという判断が基本です。日中の日差しの強い太陽が出ている時間帯と比べれば，夕方でも「暗い」とは言えそうですが，通常は dark といわれれば太陽が出ていないような暗い空間を思い浮かべます。ベチョベチョのシャツと比べれば，生乾きのシャツも「乾いている」とは言えそうですが，基本的には湿気を含まない状態のシャツを「乾いている」と考えますし，人が数人いる教室を見て「空だ」と普通は考えません。（比較対象として，いっぱいいっぱいの教室でも連想されない限りは。）

というわけで，段階性を表す形容詞は比較基準を想定させるものであり，その比較基準が文脈や人によって判断が揺れる cool のようなものと，比較基準が一定の dark, dry, empty といったものがあります。前者を基準にした程度到達動詞には完結的な解釈と非完結的な解釈の両方があり得るのですが，後者では完結的な解釈がデフォルトということになるわけです。

程度到達動詞における完結性について考えてみると，言語表現の意味にはスケールに関わる問題が深く関わっているということが分かります。また，状況が完結的かどうかという特性には，主題名詞句やその他の要因がいろいろと関わっているということも事実のようです。

今回は，完結性という概念に基づいて，相の内容について掘り下げてみました。興味深いトピックに溢れていますので，もっといろいろと知りたい人は影山（2001）などを読んでみてください。意欲的な人は，かなり専門的ですが Rothstein（2004）もおすすめです。

4.5.　結果状態に関する日英比較

完結性を持つ動詞が表す結果状態に関しては，池上（1981）による結果中心の「する」型言語であるとする英語と，行為中心の「なる」型言語であるとする日本語の区別が有名です。英語では，完結性を示す状況が結果状態を含む場合が多く，日本語では必ずしもそうではないということで，以下のようなコントラストが指摘されています。

(70) a.　ジョンはメアリーに来るよう説得したが，メアリーは来なかった。

　　 b.　*John persuaded Mary to come, but she didn't come.

　　 c.　千鶴丸は溺れたけど，死ななかった。

　　 d.　*Senturumaru drowned, but he didn't die.

e. 善児は千鶴丸を溺れさせたけど，死ななかった。

f. *Zenzi drowned Senturumaru, but he didn't die.

g. 燃やしたけど，燃えなかったよ。

h. *I burned it, but it didn't burn.

i. *彼を殺したけど，死ななかった。

j. *I killed him, but he didn't die.

日本語は（70i）を除いて問題なく許容され，英語では結果状態の含意と but 以下の言及が矛盾してしまうので非文法的になるというのが大まかなまとめです。ただし，どの動詞でも日本語では結果状態を含意しないのかというとそういうわけではなく，「殺す」の場合には結果状態が含意されますので，（70i）は非文法的で，英語でももちろん非文法的であると指摘されています。しかしながら，著者はこれらの文の判断が合致せず，ずっと疑問に思っていました。（70a, c）は問題なく受け入れられるのですが，（70e, g）は矛盾しているように聞こえるのです。そこで，このデータの判断について少し調べることにしました。言語学の講義を受講している日本語を母語とする大学生に判断を尋ね，81名から有効な回答が得られました。文法性判断は5段階で，上から文法的，少しおかしいが文法的，どちらとも言えない，ややおかしい，非文法的というスケールになっています。それによれば，（70a）が文法的だという学生は76名，どちらとも言えないが3名，少しおかしいが2名でした。また，（70c）に関しては文法的が69名，どちらとも言えないが6名，少しおかしいが6名でしたので，ここまでは池上の報告とも著者の直観とも合致します。しかしながら，（70e）に関しては，文法的だと判断した学生が41名，どちらとも言えないが10名，少しおかしいが25名，非文法的が5名ということが分かりました。著者の判断もそうですが「せ／させ」を用いた使役構文という形になると，日本語でも結果状態を含意すると感じる日本語母語話者は少なくないようです。また，（70g）に関しても，文法的であ

ると判断した学生が46名，どちらとも言えないが12名，少しお
かしいが13名，非文法的だと考えた学生が10名いました。とい
うわけで，著者のように「燃やす」という動詞も結果状態を含意す
ると考えている日本語話者は少なくはないようです。

　ところで，日本語の動詞句は一般的に行為中心的で，結果中心的
であることは少ないのでしょうか。少なくとも，英語と比較すれば
結果状態を含意しないことが多いということはありそうですが，こ
れは一般的な傾向なのでしょうか。これに関しては，動詞の種類に
よって差異があるというのが実情のように思われます。たとえば軽
動詞構文と呼ばれる「～する」という形式をとる動詞句では，（漢
語）動名詞が，結果状態を含意することがよくある印象を受けます。
また，到達のように一瞬で出来事が終わり，なおかつ出来事の結果
に表現の焦点が当てられるような動詞の場合，日本語でも結果状態
は含意されるような印象を受けます。そこで，以下のような日本語
文に関しても少し調べてみました。読者のみなさんの判断はいかが
でしょうか。

(71) a.　英語を勉強したけど（英語の勉強をしたけど），話せないよ。
　　 b.　英語を習得したけど（英語の習得をしたけど），話せないよ。
　　 c.　駅に着いたけど，着いてないよ。
　　 d.　家を出たけど，出てないよ。
　　 e.　新しい家を建てたけど，建ってないよ。

文法的判断を尋ねたのは，先ほどと同じ被験者たちです。文法性の
スケールに関しても同じです。(71a) に関しては，文法的だと判断
する人が62名，どちらとも言えないが11名，少しおかしいが7
名，非文法的が1名でした。「勉強する」という行為だけで結果状
態を含意しないというのは，著者の予想通りです。一方で，(71b)
になりますと，文法的が29名，どちらとも言えないが9名，少し
おかしいが27名，非文法的が16名という結果になりました。「習
得する」とまで言ってしまうと，習った結果，身につける，得ると

いうところまで含意するのが自然なようです。そして，到達に関連する（71c）では，文法的だと判断した人が4名，どちらとも言えないが2名，少しおかしいが11名，非文法的が64名，（71d）では文法的が1名，少しおかしいが13名，非文法的が67名，達成の（71e）でも，文法的が3名，どちらとも言えないが4名，少しおかしいが19名，非文法的が55名という結果になりました。要するに，英語と比べれば結果状態を含意することが少ないとされている日本語であっても，動詞句の種類によって事情は様々であるということが分かります。また，日本語と英語の限られたデータを比較しただけで，類型論的一般化を主張するというのは困難な挑戦であると言えるでしょう。

　この種の結果状態に関する類型論的考察は非常に興味深く，考察する価値のある仮説だと思います。しかし，一般的に「日本語はこうだが，英語はこう」という話題がある場合，過度な単純化には注意すべきです。たとえば，「日本語には敬語があるが，英語にはない」，「日本語は曖昧だが，英語は Yes / No や自分の意見をはっきり言う」という主張を見かけることがよくあります。しかし，日本語には敬語に使用される特殊な語彙があるというのが中心になる主張であって，英語には丁寧な言い回しがないというわけではありません。敬意を持った丁寧な表現方法は，英語でももちろんたくさんあります。また，相手の依頼に対して，むやみやたらに No と言ったりすることもありません。世界の多くの言語を見渡してみても，自分が少なからず好意を持っている相手の依頼を断るのには心理的な負担がかかるせいか，No と言うのに反応時間が余計にかかるという研究もあります。著者の体感に過ぎませんが，人間関係を築いている者同士で不用意に相手を否定したり，相手（の特に容姿）に否定的な言及をしないという傾向はむしろ英語圏（という括りも大雑把すぎますが）のほうが強いようにも思われます。また，状況によっては英語圏のほうが建前を大事にするということもよくあります。言語の日英比較は非常に興味深い話題ではありますが，英語と

の比較だけを通じて「日本語は特殊，特別」と結論づけるのは早急なことが多いです。言語類型論的には，日本語が持っている文法的特徴のほとんどは他言語にもあり，日本語はそれほど特異な言語ではありません。WALS（https://wals.info）を見ると，世界中のいろいろな言語の特徴が調べられ，非常におもしろい事例がたくさん見つかります。英語の文法が好きになった人には，ぜひ他の言語の文法についても調べてほしいと思います。言語のメカニズムにも多様性があり，非常に興味深いことがたくさんあります。

第5章 意味に関して

> この章では，形式意味論や統辞論で議論の的となっている事象をまとめることで，英語について見識を深めていくことを目指します。

5.1. 裸複数名詞の解釈と量化

この章では，言語学では常識的な知識で，学校英文法で本格的に教えるべきかと言われると難しいかもしれませんが，英語教員や言語学を勉強している学生には有益な情報を紹介していこうと思います。[1]

裸複数名詞（つまり，決定詞のない複数形の名詞句）の解釈については，現在でも解決されていない様々な問題があります。裸複数名詞が使用されると，その量化の力が問題になることがあります。総称文と呼ばれる，複数の個体について一般的あるいは法則的に特徴付けるような文では，すべて（all）や大半（most）といった意味が含まれることがあります。以下がその例ですが，（1a）のようにすべての馬に当てはまるという意味を表したり，（1b）のように例外を含んでもよく，大半の馬に当てはまるという意味を表したりす

---

[1] 形式意味論とは何かということに関して，前提知識がなくとも日本語で分かるのは，荻原（2016）です。ほかには金水・今仁（2000）やポートナー（2015）が優れた入門書です。少し上級者向きなのが吉本・中村（2016）で，統辞論と意味論の基礎をやった後でしたら，田中（2016）も参考になります。

ることがあります (Carlson (1977))。

(1) a.　Horses are mammals.（馬は哺乳類である）
    b.　Horses are smart.（馬はかしこい）

種（kind）という概念がここでは大きな問題になっています。総称的な文では，特定のエピソードや事実が述べられているのではなく，ある特定の種についての一般的な特性について触れられるという特徴があります。たとえば，(1) の例ではどちらも特定の馬のエピソードや事実を報告しているのではなく，馬というものの特性に関する一般化が行われていると考えられるわけです。単数可算名詞も，何らかの特徴付けが行われる総称文で使用されることがあります。以下の例では，特定のジャガイモではなくジャガイモ一般についての話が行われています (Krifka et al. (1995))。

(2)　A potato contains vitamin C, amino acids, protein and thi-
    amine.（ジャガイモには，ビタミン C，アミノ酸，タンパク質，チ
    アミンが含まれています）

一方で，(3) にあるような特定のエピソードや過去の事実を報告するような場面では，裸複数名詞に「すべて，大半」といった意味はなく，単なる存在（some）の意味で解釈されることになります (ibid.)。

(3) a.　Doctors tried to save the dying boy.
      （医者たちが死にそうな男の子を助けようとしていた）
    b.　Mice will come out of that wall if you pound on it.
      （その壁を叩いたら，ネズミたちがそこから出てくるよ）

特定の個体やものではなく，種に関する言及は定冠詞のついた名詞でも観察されることがあります。以下の例で下線が引かれた名詞句は，ジャガイモという種に関する言及を行っています (ibid.)。

170

(4) a. The potato was first cultivated in South America.
       (ジャガイモは南アメリカで最初に栽培された)

   b. The Irish economy became dependent upon the potato.
      (アイルランド経済はジャガイモに依存するようになった)

裸複数名詞や定冠詞のついた名詞が，一般的な種の特徴付けに関する文で使用されることがあります (ibid.)。

(5) a. Potatoes are served whole or mashed as a cooked vege-table. （ジャガイモは，調理された野菜としてそのままか，すりつぶして出されます）

   b. The potato is highly digestible.
      (ジャガイモはとても消化によい)

二つめは，裸複数名詞がつねに狭いスコープをとるということです。つまり，以下の例で裸複数名詞は否定辞と関連して，その影響下にあるという解釈になります。(6a) の単数名詞の場合には広いスコープ読みも，狭いスコープ読みもありえるわけですが，(6b)では spots が裸複数名詞のため，狭いスコープ読みしかないというわけです (Munn and Schmitt (2021))。

(6) a. I didn't see a spot on the floor.
       ［広いスコープ読み（a spot > not）：There is a spot on the floor I didn't see.（私が見なかった染みが床にあった）／狭いスコープ読み（not > a spot）：I saw no spot on the floor.（床に染みは見なかった）］

   b. I didn't see spots on the floor.
      ［狭いスコープ読みのみ（not > spots）：I saw no spots on the floor.（床に染みは見なかった）］

つまり，単数名詞の a spot だと，「私が見なかった染みがあった」という解釈が出る可能性があるのに対し，裸複数名詞の spots だと

「床に染みは見なかった」という解釈しか出ないということになる
わけです。

　次に,述語タイプによって異なる解釈が出てくるという性質もあ
ります (Milsark (1977))。(7a) のように個体レベル述語とともに使
用されると,総称文と呼ばれるものになります。総称的に,一般論
として「消防士って,利他的ですよね」と述べているわけです。[2]

　一方,(7b) のように場面レベル述語とともに使用されると,総
称的な解釈と共に,存在的に「出動できる消防士が数名存在してい
ます」という意味でも使用されることになります。

(7) a.　Fire fighters are altruistic.（消防士とは,利他的なものだ）
　　b.　Fire fighters are available.
　　　　（消防士は出勤できるものだ／消防士が出動できる）

さて,複数名詞に対しては量化詞がついて量化の力を定めることが
できるのですが,実は量化の力を定めることができる表現には決定
詞タイプと副詞タイプの 2 種類があるということには注目したい
ところです。以下では, most が dogs と関連することで,「犬の大
半が賢い」という意味を表していますが, usually という副詞が
dogs と関連することで同じ意味を表すこともできます。

(8) a.　Most dogs are smart.（たいていの犬はかしこい）
　　b.　Dogs are usually smart.（犬はたいていかしこい）

決定詞タイプの量化詞と副詞タイプのものの入れ替えができるのは
これだけではなく,「少ない」という意味では以下のような表現方
法もあり得ます。

---

　[2] なお,総称文は話者の偏見やステレオタイプを表明するのによく使用される
傾向があります。言語哲学という観点から,分かりやすく総称文の機能について
語っているものに和泉（2022）がありますので,興味の向きは参照してくださ
い。

172

(9) a.　Few dogs are smart.（わずかな犬しかかしこくない）

　　 b.　Dogs are seldom smart.（犬はめったにかしこくない）

実は副詞タイプの量化詞と関連を持つようになると，裸複数名詞だけではなく，単数可算名詞でも意味が同じになります。以下の例は (8b)，(9b) と同じ意味で使われています。

(10) a.　A dog is usually smart.（犬はたいていかしこい）

　　 b.　A dog is seldom smart.（犬はめったにかしこくない）

決定詞タイプ	副詞タイプ
all	always
most	usually, generally
many	frequently, regularly, often[3]
some	sometimes, occasionally
few, little	rarely, seldom
no	never

表 5.1：量化の表現

この種の事例は，言語学では量化の変異（quantificational variability）という名称で知られています。そして，量化の変異は裸複数名詞や単数名詞だけではなく，間接疑問文などでも見られます (Lahiri (2002))。たとえば，(11a) では Mary がカンニングをした人全員を知っているというのがデフォルトの解釈であり，(11b) ではそのような全員という意味とは関係がありません。つまり，「全員」という意味が生じることもあれば，生じないこともあるわけです。裸複数名詞や単数可算名詞と同じく，間接疑問文もそれ自体に量化の意味合いは含まれておらず，文中で量化を決める要素（つまり，量化詞や量化の意味を表す副詞など）があればそれに依存したり，ど

---

[3] この表では，ほぼ同じ量化の力の表現を並べていますが，often は many と比べると少し弱めかもしれません。

こからかデフォルトの解釈が出てきたりすることがあるということです。

(11) a. Mary knows who cheated.
（メアリーは誰がカンニングをしたか知っています）［→ カンニングをした人全員の名前を覚えている］

b. Mary wonders who cheated.
（メアリーは誰がカンニングをしたのだろうと思っている）［→ 必ずしもカンニングをした人全員のことを話題にしているわけではない］

裸複数名詞や単数名詞の時と同様に，間接疑問文でも量化の意味を表す表現があれば，それが量化を決定することができる例を以下に紹介します。ここでは，量化の力が for the most part, in part によって決められていることに注意してください。

(12) a. For the most part, Mary knows who cheated.
（おおよそ，メアリーは誰がカンニングをしたか知っています）［→ カンニングをした人ほとんどの名前を知っている］

b. Mary knows, in part, who cheated.
（一部，メアリーは誰がカンニングをしたか知っています）［→ カンニングをした人の一部の名前を知っている］

間接疑問文がデフォルトで「全員」の意味を含むようになる事例は，know のほかに realise, forget, tell などの補文になっている場合です。こういった動詞の補文では，文中に特別な量化表現がなければデフォルトとして「全員」の意味が引き出されることになります。[4] そして，for the most part や in part といった量化を定める表

---

[4] 日本語では，不定名詞の「誰」「何」自体には量化の力がなく，「か」が存在量化子，「も」が全称量化子の意味を引き出す働きを持っています。これらの表現によって量化の力が決定されるわけです。

174

現がある場合，それらが量化の力を決定することになります。これらは，補文の疑問文に対して，「大部分」ないしは「一部」の答えを提示することを明示化する働きがあります。一方，wonder や ask，investigate などといった動詞が間接疑問文を補文にとっている場合，間接疑問文が表す疑問に対する解答の一部や全部を提示するという意味合いはありません。ですから，wonder や ask が主節にある間接疑問文においては，量化副詞は量化には関連せず，単に悩んでいる様子を修飾したり，(13b) では For the most part が何を修飾しているかわからなかったりします。

(13) a.　Sue mostly wonders what she got for her birthday.
　　　　　（スーは自分が誕生日に何をもらったかたいてい悩んでいる）

　　 b.　For the most part, Bill asks what they serve for breakfast at Tiffany's.

裸複数名詞と単数名詞，間接疑問文における量化にはこのように共通点があるのですが，重要な違いもあります。たとえば，(10) で使用されているような副詞は頻度を表す副詞であり (e.g. always, usually, often, sometimes, rarely, seldom, generally, frequently, etc.)，(12) で使われているような量化表現になる前置詞句 (e.g. for the most part, partly, in part, largely, to a great extent, to some extent, with few exceptions, etc.) と全く同種のものというわけではありません。頻度を表す副詞は，習慣的な意味を表す間接疑問文と相性がいいのですが，一度きりのエピソードを表すような間接疑問文で使用することができません。また，間接疑問文の「何」，「誰」に対する量化というよりは，出来事の回数に対

(i) a.　誰かが来た。

　　 b.　誰もが喜んだ。

日本語の不定名詞のシステムに関しては，Kuroda (1965) などを参照してください。

して頻度の副詞が関連しているという解釈になります。ですから，エピソードを表す過去形が使用されている（14a）は非文法的ということになりますし，（14b, c）では usually が直接 what, who の量化の力を決めているのではなく，知っている頻度という意味で解釈されます。つまり，量化に関わるのではなく主節述語に対する修飾語として機能しています。

(14) a. *John usually knows what Bill did yesterday at 3 am.

    b.　John usually knows what Bill does on Sundays.
      （ジョンはビルが日曜に何をしているのかたいてい知っています）

    c.　John usually knows who does well on the exam.
      （ジョンは誰が試験で成績がいいのかたいてい知っています）

一方，純粋に量化を表す前置詞句は，量化に関わる解釈になります。また，エピソードを表すような過去形の動詞を含む間接疑問文とも相性がいいため，（15a）のような用例がありえます。

(15) a.　For the most part, John knows who passed the exam.
      （おおよそ，ジョンは誰が試験に受かったかを知っています）

    b.　John knows, in part, what Bill bought.
      （一部，ジョンはビルが何を買ったか知っています）

そして，これら純粋に量化を表す前置詞句は，単数可算名詞句と関わることができません。（16a）が非文法的なのはそのためです。頻度の副詞が，単数可算名詞と関連する（16b）とは事情が異なります。一方，（16c）にあるように，量化を表す前置詞句は裸複数名詞と関連を持つことができます。

(16) a. *A man, for the most part, has many enemies.

    b.　A man usually has many enemies.
      （男には，たいてい，多くの敵がいるものだ）

    c.　Men, for the most part, have many enemies.

　　　（男には，おおよそ，多くの敵がいるものだ）

というわけで，裸複数名詞や単数可算名詞，それに間接疑問文には
それ自体に量化の力がなく，量化詞や量化を表す表現によってその
分量が決められたり，デフォルトで存在や「すべて」という全称量
化の意味になることがあります。これら量化に関わる分析では，有
名なものに存在閉包（existential closure）という形でその作用域内
の自由変項，すなわち量化が定まっていない名詞句などの数量を決
めるというもの（Kamp (1981), Heim (1982), Diesing (1992), Kratzer
(1995)）があり，状況や出来事に対する量化という分析もあります
（Berman (1987), von Fintel (1994)）。間接疑問文に関わる量化では，
Lahiri (2002) にも目を通しておく価値があります。

5.2.　定性

　一言でまとめられない問題として，定性（definitness）に関わる
問題があります。要するに，定冠詞の使い方です。主要なポイント
について Meier (2021) の議論に従って，いくつか紹介してみま
しょう。
　定性表現が使用されるのは，限定されている時とよく言われま
す。代表的な事例を挙げると以下のようなものがあります。

(17) a.　名前的：the Earth
　　 b.　本来的使用：the first man to walk on the moon
　　 c.　関連性・照応的使用：a country .... the president
　　 d.　状況的使用：the park（ここを基準に）

名前的な使用は，固有名詞と同じく，最初から一つに決まっている
場合です。the Earth（地球）は最初から一つに決まっている固有名
詞のような扱いを受けます。本来的な使用は，「月を最初に歩いた
人」という情報からニール・アームストロング１人に限定されるよ

うな場合です。照応的な使用は，最初にある国があり，その国を前提にしている場合に the president と言われれば，その国のトップ，つまりその国の大統領に限定される場合です。president 自体は初登場の名詞であっても the がつくのはそのためです。状況的な使用は，現在いる空間から考えて，その場所から位置が固定されていると考えられるような場合に使用されるものです。

　ほかにも，関係節など修飾語がかかることで一つに絞れるような場合にも定冠詞が使用されます。

(18)　I like **the** actor who played Stephen Hawking in The The-ory of Everything. (『博士と彼女のセオリー』でステファン・ホーキングの役をやった俳優が好きです)

しかし，the は必ずしも限定される場合に使用されるわけではありません。wrong という形容詞はなぜか the を必要とし，以下では，パラフレーズが示すように非定的な解釈が基本です。

(19)　I opened **the** wrong bottle. "I opened a bottle that I was not supposed to open." (開けてはいけないボトルを間違えて開けた)

このような弱い定性は，以下のような状況でも使用されます。どちらも，特定の場所を伝えているのではなく，不特定的に使用されているものです。意味的に考えれば，不定冠詞を使用したくなるところですが，実際には定冠詞のほうが自然です。なお，(20a)はアメリカ英語で使用されるもので，イギリス英語では無冠詞で使用されることが多いことも知られています。

(20) a.　(病院が二つ以上あり，そのどこか) Armstrong went to **the** hospital. (アームストロングは病院に行った)

　　 b.　I hope **the** cafe is located on the corner of a busy inter-section. (交通量の多い交差点の角にカフェがあるといいな)

5.1 節で既出ですが，種を表す the も有名です。以下では，「犬というものは」「フクロウというものは」という言及で使用されています。

(21) a. **The** dog is a faithful animal.
　　　　（犬というのは忠実な生き物である）

　　 b. **The** owl is intelligent.（フクロウというのは知的なものだ）

さて，the を使用することができるか，つまり定性を確認できるようなテストはないのでしょうか。有名なところでは，there 構文に使用できるかというのがあります。there 構文では，新情報の名詞が提示されるため，定冠詞のついた名詞が主語になれないと考えられています。[5] ですから，(22a) は非文とされます。

(22) a. *There is the mummy in the museum.

　　 b. There is a mummy in the museum.（博物館にミイラがある）

しかしながら，以下のように，列挙の (23a)，提示の (23b, c)，所有格的な解釈のある (23d) などでは，定冠詞のついた名詞が使用されることがあります。

(23) a. Q: What's worth visiting here?
　　　　　　（ここで，行ったほうがいい場所はどこですか）

　　　　 A: Well there's **the** park, a very nice restaurant, and **the** library.（えーと，公園に，いいレストランに，それに図書館があるね）　　　　(Rando and Napoli (1978))

　　 b. [Glancing out of the window:] There is **the** most beautiful bird in your garden.（［窓から外を見ながら］庭で最も美

---

　　[5] (22b) は A mummy is in the museum. と書き換えることができることからも分かるとおり，a mummy が意味的には主語でかつ動詞の呼応に関わります。there は虚辞で統辞的には主語の位置にありますので，「主語」という言葉の使い方が難しいところです。3.3 節の注 41 も参照してください。

しい鳥がいますね）

c.　There is **the** oddest-looking man at the front door.
（玄関に極めて奇妙な見た目の男性がいますね）

(Quirk et al. (1985))

d.　There was **the** side of a bear attached to a wooden spit over a fire.（火の上で木の串がささった熊の脇腹があった）

(Barker (2005))

というわけで，一つに決まるものが the であると言われるものの，実際の使用にはなかなか複雑な事情があり，冠詞は非母語話者をいつまでも悩ませるものでもあります。少なくとも，意味的な定性と定冠詞の the が常に一致するわけではないということは肝に銘じておく必要がありそうです。

5.3.　代名詞・再帰代名詞・否定極性項目

any や ever は否定極性項目と呼ばれ，否定文で使用されるのが基本です。ですから，以下にあるように肯定文で any や ever は通常使用されません。[6]

---

[6]　ここでは，いわゆる自由選択の any と呼ばれる以下のような用法は扱いません。

(i)　Anybody can solve this problem.（誰でもこの問題は解けます）

自由選択の any は「すべて」という意味の全称量化詞に対応するという分析に Dayal (1998) がありますが，以下にあるように命令文では存在量化詞の some に対応する例があります。

(ii)　Press any key to continue.（続けるには，どのキーでも押してください）
　　　→ You must press some key; it doesn't matter which one.

なお，命令文に似ているものの義務的モダリティの助動詞がある文では，any は全称量化の意味に対応します。

(iii)　Any pilot must be out flying planes today.
　　　（どのパイロットも今日は飛行中の飛行機から出なければならない）

Dayal (1998) とは異なり，自由選択の any は存在量化詞であるとする分析に

(24) a. I cannot see anyone here. （ここでは誰も見当たりません）

   b. *I can see anyone here.

   c. Love means not ever having to say you are sorry.
       （愛とは決して後悔しないこと）

   d. *Love means ever having to say you are sorry.

最小化詞（minimiser）と呼ばれる表現も否定文で使用されます。以下の例では、「指を一本動かす」、「ウィンクをする」という最低限の程度の行為すらしないと否定することで，全否定する表現が形成されています。なお，sleep a wink はシェイクスピアが使用したことで広まった用法であることが知られています。

(25) a. Mary didn't lift a finger to help Bob.
       （メアリーはボブを助けるのに何もしなかった）

   b. *Mary lifted a finger to help Bob.

   c. Mary didn't sleep a wink. （メアリーは一睡もできなかった）

   d. *Mary slept a wink.

なお，否定文でも any が使えないことがあります。

(26) *Anyone didn't read that book.

ただし，any が主語に使えないということはありません。以下のような例は文法的だからです。

(27) She didn't say that anyone called.
     （彼女は誰かから電話があったとは言っていない）

というわけで，否定極性項目や最小化詞はどういった環境で使用されるのでしょうか。大まかに言いますと，これらは否定辞の not

---

Giannakidou（2001）があるので，興味の向きはこの二つの論文を比較して読んでみることをおすすめします。

や no の後にくることでその使用が可能になるのです。

　ちょっと話が長くなりますが，正確には，否定辞が否定極性項目を c-統御している場合に認可されるという言い方になります。なお，c-統御の定義は以下のとおりです。

(28)　ある接点 X が別の接点 Y を c-統御しているのは，X の最初の枝分かれ接点が Y を支配しており，X と Y が同じではない時である。　　　　　　　　　　　　　　(Reinhart (1976))

枝分かれ接点というのは，樹形図を書いて理解する概念になります。上の例に該当する樹形図を確認してみましょう。[7]

(29) a.

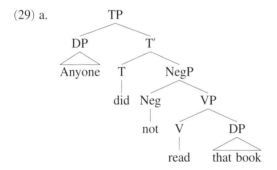

_____

[7] CP は Complementiser Phrase といって接続詞などが入る位置，NegP は Negative Phrase のことを表しています。

b.

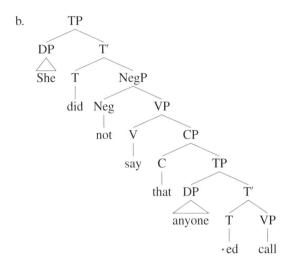

（29a）では not から見て最初の枝分かれ接点は NegP になります
が，ここから見て下（支配しているという言い方をします）の VP
以下に anyone がなく，anyone が否定辞よりも構造的に高い位置
にあるために認可されないことになります。一方で，（29b）では
not から見た最初の枝分かれ接点は NegP であり，anyone は c-統
御されているために認可されます。このように単なる線形順序では
なく，c-統御という構造上の階層性に基づいて分析しているのは，
否定辞が主語を修飾する関係節内にあったり，主語名詞句が動詞句
内の要素を c-統御していない場合には，この種の認可に c-統御条
件を必要とする要素が先にくるというだけでは認可されないことが
あるからです。たとえば，（30a）の例では himself が認可されませ
んが，これは先行条件は満たしていても，c-統御するという条件を
満たしていないことによります。himself は先行詞になれる名詞
（ここでは John）に c-統御される必要がある語彙として知られてい
ます。

(30) a. *John's mother criticised himself.

　　b.　John's mother criticised herself.
　　　　（ジョンの母親が，彼女自身を責めた）

樹形図の（31a）で示すとおり，himself の先行詞の候補である
John は DP 内にしか影響がないので himself を認可できません。
John から見た最初の枝分かれ接点は DP で，その支配領域には D′
以下のものしかないからです。しかし，（31b）の John's mother と
いう DP からみた最初の枝分かれ接点は TP なので，herself を c-
統御することはできます。というわけで，（31b）の樹形図では
herself が認可され，（31a）では himself が認可されないという分
布を適切に捉えることができます。語順の前後，すなわち線形順序
と階層構造は一致することが多いですが，必ずしも同じ概念ではあ
りません。人間言語には，単なる線形順序では捉えられない階層構
造があるという事実を明らかにしたのは，統辞論の大きな功績の一
つです。

(31) a.

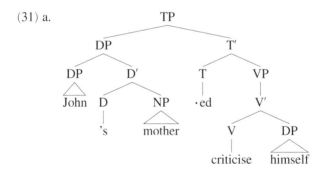

184

b.

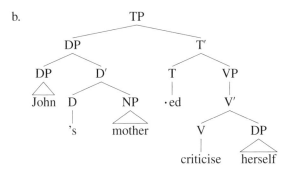

ですから，anyone が not に c-統御されていない（26）の例は非文
法的になりますし，anyone が not に c-統御されている（27）は文
法的ということになります。なお，否定極性項目は not に c-統御
されていれば，同じ節内になくてもよいので（27）に問題はないこ
とになります。

　再帰代名詞については触れましたが，代名詞類についてまとめて
おきましょう。以下の例を見てください。

(32) a.　John admires him.（ジョンは彼を賞賛している）

　　 b.　John shaved himself.（ジョンは自分の髭を剃った）

　　 c.　John said that Mary kissed him.

　　　　（ジョンはメアリーが｛自分，彼｝にキスしたと言った）

(32a) の him は John 以外の他の誰か「彼」であり，(32b) では
himself が John を指しています。そして，(32c) では him が
John を指す解釈がありえます（誰かほかの「彼」でも問題はありま
せん）。再帰代名詞や代名詞の分布はどうなっているのでしょうか。
(31) にあった通り，·self のついた代名詞，つまり再帰代名詞は強
調の副詞で使われる場合を除き，必ずそれを指す名詞と同じ節内に
あり，かつその名詞よりも後方にこなければならない，つまり c-
統御されないといけないという認可条件があるのです。ですから，
(32b) の himself は先行詞である John と同じ節内にあり，かつ後

方にあるため正しく使用されているということになります。一方
で，同じ代名詞類ですが普通の代名詞である him は，先行詞と同
じ節内にあってはならない，つまり，himself が使用される環境で
は出てこられないという特徴があります。ですから，同じ人物を指
している場合，him が使える環境では himself が不可能であり，
逆に himself が使える環境では him が使えないという関係にある
のです。そういうわけで，(32a) では him が John を指す解釈は
ありえないことになります。John とイコール関係にある代名詞類
を選ぶのであれば，himself が選ばれるはずだからです。このよう
に一方が使用される場合に，もう一方がこられないという関係のこ
とを言語学では相補分布と呼んでいます。つまり，『名探偵コナン』
でいえば，江戸川コナンくんが出てくる場面では工藤新一くんが出
てこられず，工藤新一くんが出ている場面では江戸川コナンくんが
出られないという環境と同じようなものと考えられるわけです。そ
して，(32c) では him が John を指すことも，誰か第三者の「彼」
を指すこともできます。him と John が同じ人を指し示していると
いうことを意図して，himself を (32c) で使用することはできませ
ん。himself の先行詞は同じ節内になければならず，John が主節
にあるのに対して，him は従属節にあるからです。つまり，him
が使用できているため，相補分布の関係にある himself は排除され
てしまうのです。

　他にも，相互代名詞と呼ばれる one another, each other は再帰
代名詞と同じく，同じ節内でそれを指す複数の名詞に先行されない
といけないという認可条件があります。ですから，以下の (33a)
は文法的になりますが，(33b) では each other の先行詞になれる
They が同じ節内にありませんから，非文法的ということになりま
す。

(33) a.　They criticised each other.（彼らはお互いを批判し合った）

　　　b. *They said that John criticised each other.

再帰代名詞については，学校英文法では「主語と目的語がイコール関係の場合に使う」といった程度の説明があったり，each other は代名詞であるといった記述は見かけますが，どのような環境で使用できるのかという話に踏み込んでいるものは主要な英語総合書では見かけませんでした。ただし，否定極性項目や代名詞の認可条件は現代言語学ではかなり掘り下げた形で分析されているので，その中心になる事象は知っておいてもよいのではないかと思われます。

5.4. 否定極性項目についてもっと詳しく

5.3 節は否定極性項目が否定辞に先行されなければならないという話でしたが，否定極性項目についてもう少し掘り下げて考えてみましょう。

否定辞の not だけではなく，否定の意味を表す副詞でも否定極性項目を認可することができます。[8]

(34) a. David never ate any breakfast.

（デイヴィッドは決して朝食を食べなかった）

---

[8] なお，肯定極性項目（positive polarity item）と呼ばれる，肯定文で使用される some のような語彙もあります。

  (i) a. She made some mistakes.（彼女はいくつか間違いをした）

    b. *She didn't make some mistakes.

この種の肯定極性項目としては，以下のようなものがあります（Huddleston and Pullum (2002)）。

  (ii) a. some のつくもの：some, somebody, someone, something, somewhere, somehow, somewhat

    b. 決定詞：a few, a little, several, various

    c. 副詞：pretty（かなり），fairly, quite, far（ずっと），already, still

    d. 連結詞：so, too, as well

    e. 法助動詞を含むイディオム：would rather, would sooner, would as soon

    f. 発話行為表現：I guess

  b. David rarely ate any breakfast.
   （デイヴィッドはめったに朝食を食べなかった）

決定詞の否定の量化詞や at most + 基数詞のついた名詞句も，否定極性項目を認可することができます。

(35) a. No student ate any breakfast yesterday.
   （昨日，どの学生も朝食を食べなかった）
  b. Few students ate any breakfast yesterday.
   （昨日，ほんのわずかの学生しか朝食を食べなかった）
  c. At most three students ate any breakfast yesterday.
   （昨日，多くとも3人の学生しか朝食を食べなかった）

そのほかに，without, only, doubt, fail, unlikely, if 節, every のついた名詞句の制限節内[9] なども any を認可することが可能です。

(36) a. David left home without eating any breakfast yesterday.
   （昨日，デイヴィッドは朝食を食べないで家を出た）
  b. Only David ate any breakfast yesterday.
   （昨日，デイヴィッドだけが朝食を食べた）
  c. I doubt that David ate any breakfast yesterday.
   （昨日，デイヴィッドは朝食を食べなかったのではないかと思う）
  d. David failed to eat any breakfast.
   （デイヴィッドは朝食を食べ損ねた）
  e. David is unlikely to eat any breakfast.
   （デイヴィッドは朝食を食べていないようだ）
  f. If David ate any breakfast, he won't be tired today.
   （もしデイヴィッドが朝食を食べていれば，今日は疲れていない

---

[9] つまり，every NP（関係節 …）VP … となっている構造の（　）で表された関係節内です。

　　　　だろう）
　g.　Every student who ate any breakfast passed.
　　　（朝食を食べたどの学生も試験に合格した）

Without や doubt などは否定の意味も含まれていそうですが，if
節や every の意味が及ぶ範囲内などはどういう環境なのでしょう
か。これに関しては，Ladusaw (1979) の有名な研究があるので紹
介していきましょう。
　まずは，collie「コリー」と dog「犬」の関係について考えてみま
しょう。以下のように，(37a) が真ならば，(37b) も必ず真になる
という推論が成り立つはずです。このように，ある文 X が真であ
るならば，ある文 Y も真である時，X が Y を含意する (entail)
と言います。

(37) a.　ラッシーはコリーだ。
　　 b.　ラッシーは犬だ。

collie は dog の下位範疇ですから，dog の中に含まれるというこ
とになります。つまり，collie のほうが意味が強く，その指し示す
範囲が狭いということができます。図で表せば，以下のように dog
の集合が collie の集合を内包する関係になります。ですから，あ
る動物がコリーであれば，それは必ず犬であることを論理的に含む
ようになります。

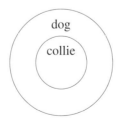

そして，デフォルト環境では以下のような推論が成り立つことにな

ります。

(38) a.　A collie is a dog.
　　 b.　Lassie is a collie.
　　 c.　Therefore, Lassie is a dog.

これとは異なる Lassie is a dog. から Lassie is a collie. と推論することはできません。犬の中には柴犬やシェパードなどもいるからです。それでは，否定文にするとどうでしょうか。以下にあるように，collie から dog への推論は成り立ちません。Lassie がコリーではなくとも，柴犬やシェパードなどであれば犬であると言えるからです。[10]

(39)　Lassie is not a collie. $\not\Rightarrow$ Lassie is not a dog.

否定辞の not のようなものが含まれた，推論の方向を逆にするような働きのある環境は，下向きの含意 (downward entailingness) の環境と呼ばれます。否定辞や否定的な意味を持つ要素は，すべて下向きの含意を作ると言えますから，これに関してはすっきりします。念のために，(40) の下向きの推論関係を確認しておきましょう。通常であれば，a collie $\Rightarrow$ a dog $\Rightarrow$ a mammal $\Rightarrow$ an animal という順序の推論が成り立つことになります。しかし，下向きの含意の環境では，この推論の方向が逆になっているということを確認してください。

(40) a.　No one would deliberately injure an animal.
　　　　（誰もわざと動物を傷つけたりしない）
　　　　　　↓
　　 b.　No one would deliberately injure a mammal.
　　　　（誰もわざと哺乳類を傷つけたりしない）

----

[10] $\Rightarrow$ は含意が成立し，$\not\Rightarrow$ は成立しないという意味を表す記号です。

↓

c. No one would deliberately injure a dog.
   （誰もわざと犬を傷つけたりしない）

↓

d. No one would deliberately injure a collie.
   （誰もわざとコリーを傷つけたりしない）

every のついた名詞句に対する制限節も，下向きの含意の環境と言えます。これについても具体的に考えてみましょう。たとえば，book は novel の上位概念ですから，通常なら以下のような推論が成り立ちます。

(41) A student read a novel. ⇒ A student read a book.

every NP（関係節 …）VP の関係節内，すなわち（42）の who 節の中では，この推論が逆になります。

(42) a. Every student who read a book passed.
       （本を読んだすべての学生が合格した）
       ⇒ Every student who read a novel passed.
         （小説を読んだすべての学生が合格した）
    b. Every student who read a novel passed.
       （小説を読んだすべての学生が合格した）
       ⇏ Every student who read a book passed.
         （本を読んだすべての学生が合格した）

ただし，every のついた名詞に付随する関係節では every の意味の影響がありますが，単に every のついた名詞が含まれている文に，必ずしも下向きの含意の環境ができるわけではありません。every の範囲が及ばない場合，つまり，a novel/a book が関係節にない場合，推論としては，以下のように novel から book への，通常の推論を辿ります。

(43) a.　Every student who took her class bought a book.
　　　　　（彼女の授業をとったすべての学生が本を買った）
　　　　　⇏ Every student who took her class bought a novel.
　　　　　　（彼女の授業をとったすべての学生が小説を買った）
　　 b.　Every student who took her class bought a novel.
　　　　　（彼女の授業をとったすべての学生が小説を買った）
　　　　　⇒ Every student who took her class bought a book.
　　　　　　（彼女の授業をとったすべての学生が本を買った）

Ladusaw（1979）は，否定極性項目は下向きの含意が成立する環境で認可されると主張し，かなり影響力のある提案となりました。下向きの含意に関する議論は美しく，非常に興味深い仮説ですが，これで否定極性項目のすべての分布が捉えられるわけではありません。たとえば，if 節は any を認可しますが，条件節が下向きの含意が成立する環境かどうかは議論があるところです。また，any が疑問文で使われることも有名ですが，疑問文で下向きの含意が成立するのかどうかは難しいところです。

(44) a.　Did David read any novel?
　　　　　（デイヴィッドは何か小説を読みましたか）
　　 b.　Did David read any book?
　　　　　（デイヴィッドは何か本を読みましたか）

他にも，（36b）にある only などが下向きの含意では扱えなさそうだと指摘されています。
　下向きの含意を想定しない分析については，Giannakidou（1999），さまざまなタイプの否定極性項目の性質については Zwarts（1998）を読んでみると，否定極性項目についてよく理解することができます。
　他に，否定環境で興味深いのは，even が持つ前提的な意味が変わることです。たとえば，肯定文の even は Bill が誘われる可能

192

性が最も低いという前提で使用されます。

(45) David invited even Bill.
   （デイヴィッドはビル｛さえ，すら｝誘った）

否定文になると，逆に Bill が誘われる可能性が最も高いという前提で使用されることになります。日本語では「すら」や「さえ」が使われますが，これらの意味の共通点と相違点も興味深いところです。

(46) David did not invite even Bill.
   （デイヴィッドはビル｛さえ，すら｝誘わなかった）

否定極性項目は，多くの言語研究者を虜にしてきました。今後も新しい研究はたくさん出てくることでしょう。日本語では，澤田ほか（編）（2019）がよいまとめになっていて，おすすめです。

5.5. 否定繰り上げ

　意味的には否定が従属節内にあるのに，表面上では主節に否定辞が使用されるという否定繰り上げの現象は有名です。

(47) a. Bill doesn't think that Mary lives here.
   （ビルはメアリーがここに住んでいないと思っている）
   b. Bill thinks that Mary doesn't live here.
   （ビルはメアリーがここに住んでいないと思っている）

(47a) は (47b) と同じ意味を表すことができますが，(47a) は多義的なので表層位置にある，つまり not と think が関連した「ビルはメアリーがここに住んでいるとは思っていない」という意味も持っているということにも注意しておきましょう。なお，否定辞が表層位置で解釈されることもあるということを示すのに Gajewski (2007) が下記のような事例も示しています。つまり，否定辞繰り

上げは必ずしも強制されるわけではないということになります。以下の例では，ビルがブルータスとカエサルが同時代人だったのかどうかも知らないのに，「ブルータスがカエサルを殺していないと思う」ことはできないはずということを示すことで，否定辞が主節位置で解釈されているということが確認できます。

(48) a.　Bill doesn't know who killed Caesar. Furthermore, Bill isn't sure whether or not Brutus and Caesar lived at the same time, so naturally（ビルは誰がカエサルを殺したのかを知らない。さらに，ビルはブルータスとカエサルが同時代に生きていたのかどうか確信が持てていない。それで，自然と）

　　 b.　Bill doesn't think Brutus killed Caesar.
（ビルはブルータスがカエサルを殺したと思っていない）

　　 c.　#Bill thinks Brutus didn't kill Caesar.
（ビルはブルータスがカエサルを殺していないと思っている）

また，注意しておきたいのが，否定繰り上げとしての解釈（つまり，(47a) で「メアリーがここに住んでいない」という意味）のほうが意味が強く，表層上の解釈（つまり，「ビルが思わない」）を含意するという関係にあるということです。ですから，「ビルがメアリーがここに住んでいないと思う」ことは，「ビルがメアリーがここに住んでいると思わない」ということにも繋がるということです。

　しかし，思考の意味を表す複文がすべてこの種の否定繰り上げを許容するというわけではありません。以下では，(49a) が (49b) と同じ解釈を許容するということはありません。つまり，従属節内の否定辞は，主節の動詞が be certain である場合には繰り上がらないのです。

(49) a.　Chris isn't certain that Kim lives here.
（クリスはキムがここに住んでいるか確信を持っていない）

　　 b.　Chris is certain that Kim doesn't live here.

　　　（クリスはキムがここに住んでいないと確信している）

それでは，think や believe のほかに否定繰り上げを許容する動詞はあるのでしょうか。以下にあるように，非定形節を従えるタイプの動詞でも否定繰り上げは可能です。つまり，（50a）を（50b）に，（51a）を（51b）に解釈することが可能です。

(50) a.　Rose doesn't want to eat haggis.

　　　　（ローズはハギスを食べたいと思っていない）

　　b.　Rose wants to not eat haggis.

　　　　（ローズはハギスを食べないでいたいと思っている）

(51) a.　Sara isn't likely to pass the exam.

　　　　（サラは試験に受かりそうにない）

　　b.　Sara is likely to not pass the exam.

　　　　（サラは試験に受からなさそうだ）

Horn（1989）によれば，以下の動詞が否定繰り上げを許容するものです。

(52) a.　believe, expect, feel, imagine, reckon, suppose

　　b.　appear, feel like, look like, seem, sound like

　　c.　be probable, be likely, figure to

　　d.　choose, intend, plan

　　e.　advise, be desirable, be supposed to, ought to, suggest

これらの動詞には何か特徴があるでしょうか。基本的には，意味が最大限に強いわけではなく，否定繰り上げの有無で意味が大きく変わらないという特徴がありそうです。たとえば，否定繰り上げを許容する think の（47a, b）において，（47a）の事例が表層で理解されようと，否定繰り上げの（47b）として理解されようとも大きく意味が変わるわけではありません（実際に含意関係にあります）。

一方で，否定繰り上げを許さない be certain だと，(49b) では「確信する」という強い意味があり，(49a) では「確信していない」という正反対の意味を持つことになります。つまり，否定することが逆の意味になるような述語ですと否定繰り上げがないと言えそうです。

　事実として指摘できるのはこの程度ですが，否定繰り上げに関しては非常に興味深く意義深い研究がたくさん出ています。Horn (1989) では否定繰り上げを許容する動詞をスケールに基づいた形で分析し，必要条件について明示的に述べてあり，Homer (2015) も同じ路線の研究が提示されています。また，統辞的な観点からは Collins and Postal (2014) が重要な指摘をしており，否定極性項目と絡めた重要な意味論的研究に Gajewski (2007) があります。いずれも理解するには多くの複雑な背景知識を必要としますが，研究する価値のある話題であると思われます。

5.6. 比較構文

　比較級を使用した構文の作り方からみていきましょう。以下の手順に沿っていますので，読むときにはこれらを意識できるようにしたいところです。

・London is larger than Rome.（ロンドンはローマよりも大きい）
・比較の基準になる形容詞／副詞を比較級に変えます。ここでは，large が larger になっていますから，「大きさ」が比較の基準になります。
・接続詞／前置詞の than を用いて，2文をつなぐ。ここでは，前置詞の than を用いて London と Rome が比較されていることがわかります。[11]

---

[11] than の後ろに Rome という名詞が後続していますので，than は前置詞と考

比較される物同士は，同種の形をしているのが特徴です。この例では，London と Rome という都市の名前が比較されていることがわかります。語と語だけではなく，文と文で比較することも可能ですから，London is larger than Rome is ~~large~~. という比較文を形成することも可能です。ここでは，than 節内にある large が比較削除（comparative deletion）というプロセスにより強制的に発音されなくなります。意味的な観点からは，比較構文は以下のようにまとめることができます。

(53) a. London を比較対象（target of comparison），Rome を比較基準（standard of comparison）と呼びます。than が比較基準を導く表現という言い方ができ，than Rome という構成素を指して比較基準と呼ぶこともできます。

   b. 両者は large という段階性を表す形容詞により導かれる「大きさ」というスケールに基づいて，比較されることになります。

   c. London が持っている大きさに関する度量の程度と，Rome が持っている度量では，前者のほうが大きいため，London > Rome という順序になることが分かります。

5.6.1. 比較削除・比較部分削除・両極逸脱・両極正常

比較削除は様々な比較構文で観察されます。以下の削除線は，比較削除により省略された要素を表しています（Kennedy (2002)）。

(54) a. The galaxy contains more stars than the eye can see ~~stars~~. （銀河は目で見える以上の星を含んでいる）

   b. At that time, sea level was not as high as it later became

---

えられます。文や他の構成素が後続する場合は，than は接続詞で省略操作が伴うと考えられています。比較構文に適用される省略操作は様々で，than の後ろにはいろいろな要素が来られます（Lechner (2004)）。

high.（そのとき，海面は後になった時よりも高くはなかった）

c. My sister drives as carefully as I drive ~~carefully~~.
（私の姉は私と同じくらい注意深く運転をする）

なお，比較削除は義務的な操作なので，ここで削除されている要素は必ず削除されねばならず，stars, high, carefully が明示的になると非文法的になると考えられています。

(55) a. The galaxy contains more stars than the eye can see (*stars).

b. At that time, sea level was not as high as it later became (*high).

c. My sister drives as carefully as I drive (*carefully).

学校英文法ではあまり習いませんが，わりに使用される現象として比較部分削除（comparative subdeletion）と呼ばれる現象もあります。この例では，形容詞が異なるものの，比較可能なスケールで比較文が形成されています。ですから，得点王の数（more scoring titles）とタトゥーの数（tattoos），長さ（longer）と分厚さ（thick），注意深さ（carefully）と注意力のなさ（carelessly）が比較されているのが以下の例です（ibid.）。

(56) a. Michael Jordan has more scoring titles than Dennis Rodman has tattoos.（マイケル・ジョーダンはデニス・ロッドマンのタトゥーの数より多くの得点王を取っている）

b. The shapes seem to be longer than they are thick.
（形状は，分厚さよりも長さのほうがあるようだ）

c. My sister drives as carefully as I drive carelessly.
（私の姉が運転する時の注意深さは，私の注意力のなさと同じくらいだ）

そして，比較部分削除は比較可能なスケール同士でしたら，比較が

可能です。長さと分厚さなどの他にも，長さ（longer）と横幅の広さ（wide），短さ（shorter）と低さ（low）といったものが比較可能です（Kennedy（2001））。

(57) a. The space telescope is longer than it is wide.
（宇宙望遠鏡は幅よりも長さがある）

    b. After she swallowed the drink, Alice discovered that she was shorter than the doorway was low.（飲み物を飲み込んだ後，アリスは自分の背が戸口の低さよりも低いということがわかった）

比較級で使用されるような段階性を表す形容詞／副詞には通常，tall vs. short, large vs. small, more vs. few etc. のような肯定と否定のペアが存在します。肯定と否定のペアは通常，長さ，大きさ，量といったスケールを共有しますから比較部分削除が可能なのではないかと予想してしまいそうですが，実際にはあまり適切な例文にはなりません。これは両極逸脱（cross-polar anomaly）と呼ばれています（ibid.）。

(58) a. ?Alice is shorter than Carmen is tall.

    b. ?The Brothers Karamazov is longer than The Idiot is short.

    c. ?The Mars Pathfinder mission was cheaper than the Viking mission was expensive.

    d. ?New York is dirtier than Chicago is clean.

    e. ?A Volvo is safer than a Fiat is dangerous.

両極逸脱に似ているのですが，否定的な意味の形容詞と肯定的な意味の形容詞で比較構文を形成することがあります。この例はBüring（2007）が両極正常（cross-polar nomaly）と呼んでいます。両極正常が両極逸脱と異なるのは，肯定の意味と否定の意味の比較でありながら，正反対の意味ではないというところにあります。た

とえば，short vs. tall, short vs. long, cheap vs. expensive, dirty vs. clean, dangerous vs. safe は対義語になっていますので，両極逸脱を引き起こしてしまい，容認可能性の低い文になってしまいます。しかし，両極正常では，対義語のペアになっていません。以下の例では，short と wide, narrow と long は否定の意味と肯定の意味ですが，それぞれ一次元の短さと幅の長さ，幅の短さと一次元の長さというペアであり，ちょうど比較部分削除と類似した現象になっています。

(59) a. Unfortunately, the ladder was shorter than the house was high. （残念ながら，ハシゴは家の高さよりも短い）

　　 b. My yacht is shorter than yours is wide.
　　　　（私のヨットはあなたのヨットの横幅よりも短い）

　　 c. Your dinghy should be shorter than your boat is wide (otherwise you'll bump into the bulkhead all the time). （あなたのヨットはボートの横幅よりも短くないといけないよ。（さもないと，いつも隔壁にぶち当たってしまう））

5.6.2.　比較文とスケール

　文と文の比較，つまり比較対象と比較基準が文と文でできている例には，ほかに以下のようなものがあります。(60a) の do は代動詞で walk の代わり，(60b) では it was が省略されているので注意したいところです。また，even や a little といった修飾語や，差を表す数量表現を比較級の形容詞や副詞の前に置くこともできます。

(60) a. Pedestrians in Massachusetts walk 3 seconds faster than they do in California. （マサチューセッツの歩行者はカリフォルニアの歩行者よりも 3 秒速く歩きます）

　　 b. Your support was even more valuable than I had expected it was. （あなたのサポートは私が期待していたよりもずっと価値がありました）

比較文や as … as 〜 の同等比較文にすると，比較文ではない時に
存在していた文脈から引き出される比較基準の意味がなくなること
が知られています。以下の例では，1 番目の文においてのみルイが
他の人たちと比べても相対的に背が高いという意味が含まれてお
り，2 番目と 3 番目においては太郎との背の比較のみを表しています。つまり，ルイも太郎も背が低いが，ルイは太郎よりは背が高
い，ないしは太郎と同じ程度の背の高さであるという状況を表すこ
とがありえます。

(61) a.　Rui is tall.（ルイは背が高い）
　　 b.　Rui is taller than Taro.（ルイは太郎よりも背が高い）
　　 c.　Rui is as tall as Taro.（ルイは太郎と同じくらいの背の高さだ）

通常，how を用いて人の背の高さを問う場合には tall を使用して，
その反意語の short を使用することはありません。short を使用す
る場合，ルイが相対的に背が低いということが聞き手と話し手との
間で了解事項としてある場合のみに成立します。

(62) a.　How tall is Rui?（ルイはどのくらいの背の高さですか）
　　 b.　How short is Rui?（ルイはどのくらい背が低いですか）

段階性を表す形容詞／副詞には肯定と否定のペアが存在すると言い
ましたが，特別な意味などがなければ通常は肯定的な意味のほうの
形容詞／副詞が使用され（無標として使用され），否定的な意味の
形容詞／副詞が使用される場合には（有標となり）特殊な意味，つ
まり否定的な度量が同等比較文でも表されることになります。です
から，以下の文では 2 例ともルイが相対的に背が低いという意味
が含まれることになります。[12]

---

[12] 比較文では，この種の意味がない解釈がありえます。以下では，ルイも太
郎も背が高いという状況，ルイも太郎も背が低いという状況のどちらでも使用で
きると判断する話者が一定数います。

(63) a. Rui is short. (ルイは背が低い)

    b. Rui is as short as Taro. (ルイは太郎と同じくらい背が低い)

比較文や as ... as 〜 の同等比較文になれば，この種の文脈から引き出される比較基準的な意味は，肯定の段階的形容詞/副詞には含まれていないのが通常でした。それをふまえて (64) の例を見てみてください。ここでは，一見すると両極逸脱を引き起こすように思えます。正当な (legitimate) と不正な (fraudulent)，冷えていた (cold) と熱かった (hot)，軽くてか細い (light and thin) としっかりしていて重たい (solid and heavy) と対義語のペアになりうる形容詞同士が使用されているからです。しかし，これらは容認可能な文です。ここでは，文脈から引き出された比較基準の意味が感じられます (Kennedy (2001))。

(64) a. [The Red Sox] will be scrutinized as closely as the Orioles to see whether they are any more legitimate than the Orioles are fraudulent. (レッドソックスもオリオールズと同様に，オリオールズの不正以上に正当なものなのかどうか精密に精査されることになるだろう)

    b. Grace especially had a forgettable playoff series that won't soon be forgotten. Grace was as cold as he was hot in the 1989 playoffs. (特にグレースはすぐには忘れられないようなつまらないプレイオフ・シリーズを経験した。1989 年のプレイオフでグレイスが熱かったのと同じくらい，今回は冷たかった)

    c. I can still remember the sound it made, a lovely special sound, as light and thin as the clothes were solid and heavy. (それが作りだした音は今でも覚えています。素敵で素晴らしい音で，服がしっかりしていて重たいのと同じくらい軽くて

(i) Rui is shorter than Taro. (ルイは太郎よりも背が低い)

　　　か細い音でした）

　これらの例は，比較逸脱（comparison of deviation）と呼ばれ，両
極逸脱とは異なり，二つの度量がどちらも文脈から引き出された比
較基準より大きい度量があり，その逸脱の度合いが比較対象となっ
ています。つまり，(64a) ではオリオールズが不正をしており，
レッドソックスが正当であるのははっきりしており，その不正の度
合いと正当性の度合いが比べられています。(64b) では，グレイス
が1989年のプレイオフでは大活躍したものの，今回はそれと同じ
くらいダメだったという意味を表しています。(64c) では，服が
しっかりしていて重たいのと同じくらい，音がはっきり軽くてか細
かったという意味で捉えられています。

　比較構文で使用できる形容詞/副詞は段階的なもので，ここまで
は文脈から引き出された比較基準を含みうる形容詞/副詞が中心で
した。しかし，文脈から引き出された比較基準を必要としないよう
な段階的形容詞/副詞もあります。[13] (65) で挙げた形容詞は，度量
が少しでもあればそれで十分というタイプの形容詞です。たとえ
ば，少しでも曲がっているものは bent と呼べますし，少しでも汚
れていれば dirty と言えます。心配している程度や危険な程度も，
何か文脈から引き出されるような比較の基準になる尺度があるわけ
ではありません。

(65) a.　bent（曲がった）

　　　b.　dirty（汚れた）

　　　c.　worried（心配した）

　　　d.　dangerous（危険な）

文脈から引き出される比較基準の意味を含まず，度量が最大限にあ
るという意味を持つような形容詞もあります。たとえば，straight

---

[13] 4.4 節の程度到達動詞の元となる形容詞の話も思い出してください。

なものはまっすぐさが完全に充たされていないといけないですし，flat なものも平らさが完全に充たされていないといけません。つまり，(66) で挙げた形容詞も，文脈で決まるような比較基準を想定しているわけではないのです。

(66) a. straight（まっすぐな）
　　 b. flat（平らな）
　　 c. clean（きれいな）
　　 d. safe（安全な）
　　 e. pure（純粋な）
　　 f. accurate（正確な）
　　 g. full（いっぱいの）
　　 h. empty（空の）
　　 i. transparent（透明な）
　　 j. closed（閉まった）

これらの形容詞が比較文で使用されると，than 以下で表される比較基準のほうで最大限にある程度という意味がなくなることになります。なぜなら，以下の例文で調理台も完全に乾いているとすれば，比較対象における乾燥度が最大でそれ以上がありえなくなり，比較が成立しなくなってしまうからです。

(67)　The floor is drier than the countertop.
　　　（フロアは調理台よりも乾いている）
　　　⇒ The countertop is not dry.（調理台は乾いていない）

5.6.3.　特殊構文
　比較を用いた特殊構文は多いので，少し考えていきましょう。

(68)　David read no more than ten books.
　　　（デイヴィッドは 10 冊しか本を読まなかった）

no more than 〜 を用いた文ですが，ここでは「デイヴィッドが読んだ本は 10 冊」であり，その 10 冊という本の評価に対して「数が少ない」という意味が含まれています。語呂合わせみたいなものですが，more は肯定的な意味ですから期待値が高かったために 10 冊という数を否定的に評価してしまうという意味があると考えてもいいかもしれません。というわけで，「差がない」という意味を表す no と比較級を組み合わせた構文では，〜の部分と「同じ」という解釈が基本になります。なお，以下の例では「50 人がやってきて」なおかつ，その数字が「多い」と評価されているわけです。fewer は否定的な形容詞であり，そこから見た低めの期待値だったので，50 人という数が肯定的に評価されたと考えてよいかもしれません。

(69) It was expected that only a few people would come. However, no fewer than fifty people showed up. （少数しか来ないと予測されていた。しかし，50 人もの人たちがやってきた）

この種の例と類似したものに，クジラの構文という名称で長く知られてきた例があります。クジラが魚である程度と馬が魚である程度が比較され，（否定的に）「差がない」という意味で解釈されます。

(70) A whale is no more a fish than a horse is.
（クジラが魚でないのは，馬が魚でないのと同じである）

no more ... than 〜 は差がないということから，同等／同じであるという意味を表し，なおかつその程度が「低い」という意味があります。ですから，(71) ではビルもトムも相対的に運動ができないという推意があります。一方，(72) では，単にビルとトムの運動能力を比べてトムのほうが優れていると述べているだけですから，相対的にビルもトムも運動神経がいいという可能性もありえます。not more athletic は，単純に両者の運動神経を比較した結果を述べただけにすぎません。

(71)　Bill is no more athletic than Tom.
　　　（ビルはトムと同様に運動ができない）

(72)　Bill is not more athletic than Tom.
　　　（ビルはトムよりも運動ができない）

似た事情は，同等比較文の as … as ～ 構文でも見られます。この構文は「同じ（かそれ以上）」という同等の意味を表しますから，下記の例では「＝10」という意味があります。そして，many を使用した場合には（no のような否定語がありませんから字句通りに）「多い」という肯定的な評価を推意として含み，few の場合には「少ない」という否定的な評価を推意として含むことになります。

(73) a.　David read as many as ten books.
　　　　　（デイヴィッドは 10 冊もの本を読んだ）
　　　b.　David read as few as ten books.
　　　　　（デイヴィッドは 10 冊しか本を読んでいない）

数量に関する評価に関しては比較級，最上級を用いた特殊表現で興味深いコントラストが観察されます。数学的には，以下の左右で同じ意味を表しているように考えられます。つまり，最上級を用いた表現と比較級を用いた表現が同意になる可能性があるのです。

(74) a.　At least n are B. $\Leftrightarrow$ More than $n-1$ A are B.
　　　b.　At most n are B. $\Leftrightarrow$ Fcwcr than $n-1$ A are B.

具体的に，以下の例文を使用して考えてみましょう。それぞれ，同じ意味のペアになっていると感じられるかもしれません（Geurts and Nouwen (2007)）。

(75) a.　Fred had at least three wines.
　　　　　（フレッドは少なくとも 3 杯のワインを飲んだ）
　　　b.　Fred had more than two wines.
　　　　　（フレッドは 2 杯より多いワインを飲んだ）

(76) a. Fred had at most three wines.
   　（フレッドは最大でも 3 杯のワインを飲んだ）

   b. Fred had fewer than two wines.
   　（フレッドは 2 杯より少ないワインを飲んだ）

予想とは異なり，比較級と最上級を使用した表現では以下のような違いが観察されます。まず，namely の後で具体的な人を列挙するような状況で，比較級を用いた表現が変に聞こえます。(77a) では，two people と言っていますから 2 人の名前，(77b) では 3 人より少ないと言った後で 2 人の名前を列挙していますから，数学的な矛盾はないはずです (ibid.)。

(77) a. I will invite at most two people, namely Jack and Jill.
   　（最大でも 2 人誘います。つまり，ジャックとジルです）

   b. ?I will invite fewer than three people, namely Jack and Jill.

最上級を用いた表現では「2」という数字が使用されており，namely の後ろで具体的に 2 名の名前を挙げていますから (77a) は自然な文になっていますが，比較級の (77b) のほうでは 3 という数字と 2 人という数が合っていないので変に感じられるという説明が可能かもしれません。しかしながら，数詞を合わせてみても比較級を用いた表現は非文法的に感じられます (ibid.)。

(78) *I will invite {more, fewer} than two people, namely Jack and Jill.

というわけで，上記 (77b) と (78) で比較級が使用できない理由としては，比較文が使用されれば他に誰かが招待されるはずだという推意が働くのに対し，namely がそれを 2 人に絞ってしまうために齟齬が生じるためと考えられます。一方，最上級の at most を用いた表現では，その「誰か」がいないということをほのめかす推意

が含まれるということになります。ですから，(77a) ではジャックとジルは間違いなく呼び，それ以外の誰かを呼ぶ可能性はないということを at most がほのめかしていることになります。

　次に，「ベスが 3 杯のワインを飲んだ」という前提があって，次の例文二つを見てみてください。(79a) は違和感がありませんが，(79b) は少し変な感じがします。この理由としては，(79b) がベスが 3 杯より多いワインを飲んだ可能性について言及しているからというのがあります。「ベスが 3 杯のワインを飲んだ」という前提があるのに，わざわざそれを覆えして「それ以上飲んだ可能性がある」と言うのは冗長に聞こえてしまうのです。なお，そのような可能性は比較級を用いた (79a) では表されていませんので，問題がないことになります。

(79) a.　Beth had more than two wines.
　　　　　（ベスは 2 杯より多いワインを飲んだ）
　　 b.　Beth had at least three wines.
　　　　　（ベスは少なくとも 3 杯のワインを飲んだ）

というわけで，最上級を用いた表現ですと，以下の下線部で示されているような意味が加えられていることになります。

(80) a.　Fred had at least three wines.
　　　　　（フレッドは少なくとも 3 杯のワインを飲んだ（し，それ以上の
　　　　　ワインを飲んだ可能性がある））
　　 b.　Fred had at most two wines.
　　　　　（フレッドは最大でも 2 杯のワインを飲んだ（し，それ以下のワ
　　　　　インしか飲んでいない可能性がある））

最上級を用いた表現には，このようなモダリティに関わる意味が含まれているので，以下に示すような状況では比較級と最上級で違いが生じることにもなります (Nouwen (2008))。

(81) a.　You are allowed to pick fewer than ten cards.
　　　i.　9枚という数字が選んでよい最大の数のカードである。
　　　ii.　0〜9枚のカードを選ぶことが許されており，それ以
　　　　　上のカードを選んでもよい。（10枚より少ないカード
　　　　　を選べばよいという状況が許容されているというだけ
　　　　　なので，それ以上のカードを選ぶことに関しては禁止
　　　　　されていない）
　　b.　You are allowed to pick at most nine cards.
　　　i.　9枚という数字が選んでよい最大の数のカードである。

比較級を用いたほうでは，（ii）で表される弱い解釈もありえます
が，最上級を用いた場合，「10枚以上のカードを選ぶことが許され
る可能性はない」という推意が含まれることになりますので，（ii）
の解釈はないということになります。以下に関しても同様で，2杯
かそれ以下のワインを飲んでもよいという許可の意味をどちらの文
も持ちますが，聞き手が2杯より多いワインを飲む可能性を排除
せずに3杯より少ないワインなら飲んでもよいという許可の意味
があるのは比較級を用いた（82b）だけです。

(82) a.　You may have at most two wines.
　　　　（最大でも2杯のワインを飲んでもよい）
　　b.　You may have fewer than three wines.
　　　　（3杯より少ないワインを飲んでもよい）

というわけで，最上級を用いた表現には特殊な推意が含まれるとい
う特徴があります。ところで，形容詞・副詞の屈折語尾として，比
較級・最上級の場合で使用する -er と -est は古英語の頃からある
活用でした。ところが，中英語期にノルマン・コンクエストに伴う
フランス語の影響により more, most で比較級・最上級を表す用
法が入ってきました。前者の -er, -est は総合的（synthetic），後

者の more，most は分析的（analytic）と呼ばれています。[14]

　Quirk et al.（1985）の影響もあり，比較級の形成は，音声・形態的な要因で説明されるのが主流になっています。音節が一つの単語に対しては ·er，·est が用いられ，3 音節以上の単語は more，most が使用されるというのが原則です。2 音節の単語に関しては揺れがあり，同じ単語でもどちらの用法もありえたりするなど，はっきりとした規則があるわけではありません。また，Mondorf（2003）によれば，·er が好まれるのは，二つの強勢のある音節に挟まれている場合（e.g. a frèsher sálad）であり，more が好まれるのは，語末が /r/ で終わる場合（e.g. more austere）や，語末が子音クラスタ（連続）で終わる apt（more apt）のような場合であるということです。

　話は逸れますが，現代英語のメタ言語比較（metalinguistic comparison）と呼ばれる用法では，分析的な比較級は可能であっても，総合的な比較級（taller, dumber）は使用されないと言われています。

(83) a.　Clarence is more tall than ugly (, but he's not (really) tall either).（クラレンスは醜いというよりは背が高いかなぁ。しかし，本当に背が高いというわけでもない）

　　 b.　George is more dumb than crazy.
　　　　（ジョージは狂っているというよりは，間抜けなんだ）

メタ言語比較では，語用論的な推意によって，Clarence が（相対的に）背が高い，George が間抜けという意味を含むことになりま

---

[14] 総合的，分析的というのは，類型論的に言語の特徴を記述する際に使用される概念で，活用や曲用で文法関係を示すタイプの言語が総合的言語，語順や前置詞・後置詞，助動詞などで文法関係を示すタイプの言語を分析的言語と呼ぶことがあります。典型的に総合的，分析的な言語というものもありますが，多くの言語は両者の特徴を合わせ持つことが多いです。

す。ただ，この推意はあくまで語用論的な推意であり，慣習的な含意ではないため，(83a) のように否定することも可能です。詳しい分析が気になる人は，Morzycki (2011) を参照してみてください。

　最後になりますが，極端な度量についても考えておきましょう。比較に関する概念を表す形容詞や副詞の中には，潜在的に最上級に匹敵する極端な度量があるために，比較級では使えないと考えられてきたものがあります。この説明に対する直観は私たち非母語話者にもなんとなくありそうです (Bolinger (1972))。

(84) a. #Godzilla is more gigantic than Mothra.
　　　（ゴジラはモスラよりも巨大だ）

　　 b. #Your theory is more excellent than his.
　　　（あなたの理論は彼のよりもすばらしい）

しかしながら，比較対象のどちらにも極限に近い度量があることが前提となった上での比較であれば，可能になることもあります。この場合，典型的には even などの副詞が伴います (Morzycki (2012))。

(85)　Mothra is gigantic, but Godzilla is even more gigantic than
　　　that. (モスラは巨大だ。しかし，ゴジラはそれよりもさらに巨大だ)

つまり，比較対象になるものどちらも度量が強く，それが前提としてあった上での比較であれば自然に感じられるのです (Morzycki (2012))。

(86) a. I believe Viking has been the best boost Greenwood has
　　　had in my lifetime. Knowing it was by a local boy
　　　makes it even more fantastic. (バイキングは，私が生きてい
　　　る間にグリーンウッドが得た最上の後押しになってきたのだと思
　　　います。それが地元の少年によるものだということを知れば，
　　　もっとすばらしいものになるでしょう)

　　 b. Looking up, I saw a mountain steeper, taller, and more

> gigantic than the one whose summit we were standing on.（見上げてみると，私たちが立っている山頂よりももっと険しく，高く，巨大な山が見えた）

　度量の集合などは数学的な概念ですが，言語表現で激しい程度を表したい場合には原理的にありえないようなことを表現することができるのも言語の特徴です。longer than forever（永遠より長く），better than wonderful（最上よりもよく）などがその例です。小学生が「1億万倍凄い！」と言っているのを聞くと，数学的な事実はともかくその伝えたい気持ちが分かるのは，不思議です。言語で表現される事実と，客観的な事実にはいろいろとズレがあることもあるのです。

5.7.　尺度推意

　最後に尺度，すなわちスケールに基づく推意について，いくつかまとめておきましょう。語彙は，あるスケールに基づいて，その意味の強さに序列が付けられていることがあります。以下の語彙は，左にいくほどその意味が強く，右のほうが弱いという関係になっています。「度量が多い」というふうに読み替えてもよいかもしれません。[15]

(87) a.　and > or
   b.　all > many > some > no
   c.　required > allowed
   d.　hot > warm

より「弱い」語彙を使用している文では，より「強い」語彙が表すような意味を持たないという推意が働きます。つまり，or が成立

---

[15] ホーン・スケールと呼ばれています（Horn (1989)）。

する状況は and が表す状況が成立しないという推意がありますし，some が成立する状況は all が表す状況が成立しないという推意がありますし，allowed が成立する状況は required が表す状況が成立しないという推意がありますし，warm が成立する状況は hot が表す状況が成立しないという推意があるという特徴があります。なぜなら，より強い意味を言い切るだけの材料があるなら，それを言ったほうが円滑にコミュニケーションが進むのに，そう言わないということは言い切れるだけの材料がないからという推測が成り立つからです。聞き手と話し手が協調して会話をし，グライスの格率と呼ばれる規則にしたがっていれば，会話の目的に必要十分な情報を与えるはずだという前提がここにはあります。この種の推意を，ここでは ⤳ で表現することにします。

(88) a.　John invited Andrew or Ben to the party.
　　　　　（ジョンはアンドリューかベンをパーティーに招待した）
　　　　　⤳ Andrew と Ben の両方は招待しなかった。

　　 b.　Some of my students are tall.
　　　　　（私の学生の中には背が高い者もいる）
　　　　　⤳ 学生の全員は背が高くない。

　　 c.　Chris is allowed to vote.
　　　　　（クリスは投票することが許されている）
　　　　　⤳ Chris は投票しなくてもいい。

　　 d.　It's warm today.（今日は暖かい）
　　　　　⤳ 今日は暑くは（hot）ない。

これらの例における推意はスケールに基づく推意であるため，尺度推意と呼ばれています。たとえば，(88b) の発言について考えてみましょう。これに関連して，All of my students are tall. はこの会話に関連しており，なおかつ同様に簡潔な文章であると考えられます。もし，話し手が All of my students are tall. が真であると信じる根拠があれば，グライスの格率の中の一つである量の格率「会話

の目的にとって必要な量の情報を与えるべし」に従って，こちらの
文を発したはずだという推測が成り立ち，結果，All of my stu-
dents are tall. が偽であるという予測が成り立ちます。同様に，十
分に簡潔的でより情報量の多い発言があるのにそれを選択しない場
合，それらを選択した命題は偽であるという推測が成り立ちます。
これが尺度推意と呼ばれる現象で，語彙，つまり or, some, al-
lowed, warm が持っている意味ではなく，推意であると考えられ
ています。その理由としては，(1) 取り消しが可能である，(2) 意
味の強めが可能である，(3) 他の論理演算子と相互作用があるとい
う三つの特徴が根拠としてあげられます。以下では，この種の推意
の取り消しがあることを確認してみてください。

(89) a. John invited Andrew or Ben to the party. In fact, it is
possible he invited both of them.
（ジョンはアンドリューかベンをパーティーに招待した。実は，
彼は両者とも招待した可能性がある）

b. Some of my students are tall. In fact, it is possible all of
my students are tall.（私の学生の中には背が高い者もいる。
それどころか，学生全員が背が高い可能性もある）

c. Chris is allowed to vote. In fact, he is required to vote.
（クリスは投票することが許されている。もっと言うならば，投
票しなければならない）

d. It's warm today. In fact, it is hot.
（今日は暖かい。実は，暑いくらいだ）

また，通常の語彙的な意味であれば，同じ内容を繰り返せば冗長で
トートロジーに聞こえます。以下はある政治家の発言ですが，同じ
内容のことを繰り返していますので，冷静に考えれば冗長に感じら
れます。

(90) a. #今のままではいけないと思います。だからこそ，日本は今のままではいけないと思っている。

    b. #約束は守るためにありますから，約束を守るために全力を尽くします。

    c. #毎日でも食べたいということは，毎日でも食べてるというわけではないです。

この冗長性が，尺度推意の時にはありません。つまり，念を押す形で明確に聞こえるため違和感がないのです。

(91) a.   John invited Andrew or Ben to the party but not both of them.（ジョンはアンドリューかベンをパーティーに招待した。しかし，両者は招待しなかった）

    b.   Some of my students are tall but others are not.
（私の学生の中には背が高い者もいるが，そうではない者もいる）

    c.   Chris is allowed to vote but it is not required.
（クリスは投票することが許されているが，投票しなければならないというわけではない）

    d.   It's warm today but it is not hot.
（今日は暖かいが，暑くはない）

ここで，英語の or について少し詳しく考えてみましょう。Φ が「ジョンがアンドリューをパーティーに招待する」，Ψ が「ジョンがベンをパーティーに招待する」という命題内容を表しているとしましょう。その場合，John invited Andrew or Ben to the party. という文が真になる条件としては，(1) ジョンがアンドリューをパーティーに招待するか，(2) ジョンがベンをパーティーに招待するかのどちらかが真であればよいということになります。この場合，ジョンとアンドリューの両者を呼んでも別に John invited Andrew or Ben to the party. が偽になる必要はありません。論理的なとりきめとしては，Φ も Ψ も真である場合，or の意味としては真にな

るということになっています。これは，包括的選言（inclusive disjunction）と呼ばれています。表にすると以下のようになります（1が真で0が偽です）。[16]

Φ	Ψ	Φ∨Ψ
1	1	1
1	0	1
0	1	1
0	0	0

包括的選言の真理値表

しかしながら，(88a) にもあったように，or は自然言語の実際の運用としては，どちらか一方のみという意味で使用することが多いです。一方で，(89a) にあったように，両者を招待したとしても問題はありません。この例で注意したいのは，パーティーに誰を招待するかという問題は二者択一の相補的な関係ではないということです。相補的な用例，To be or not to be（生きるべきか死ぬべきか）のように，どちらか一方を選べば他方は選べないような状況では，ΦもΨもどちらも真になるわけにはいきません。ΦとΨの両方が同時に真にならない関係は，排他的選言（exclusive disjunction）と呼ばれています。

Φ	Ψ	Φ∨Ψ
1	1	0
1	0	1
0	1	1
0	0	0

排他的選言の真理値表

---

[16] ∨ は or の意味を表す記号です。

216

or が否定文で使用された状況のことについて考えてみましょう。
否定ですから、排他的選言として解釈される場合と包括的選言として解釈される場合の真理値表を書いてみると以下のようになります。肯定の $\Phi \vee \Psi$ と真理値が逆になっていることを確認してみてください。[17]

Φ	Ψ	$\neg (\Phi \vee \Psi)$
1	1	1
1	0	0
0	1	0
0	0	1

排他的選言の否定の真理値表

Φ	Ψ	$\neg (\Phi \vee \Psi)$
1	1	0
1	0	0
0	1	0
0	0	1

包括的選言の否定の真理値表

実際の用例について考えてみると、包括的選言の解釈が出るということがわかります（つまり、アンドリューをパーティーに招待したという Φ が偽、ベンをパーティーに招待したという Ψ も偽）。[18]

(92)　John did not invite Andrew or Ben to the party.
　　　（ジョンは、アンドリューもベンもパーティーに招待しなかった）

---

[17] $\neg$ は否定の意味を表す記号です。

[18] 話者によっては、or が強調されると排他的宣言の意味、つまり Φ も Ψ も真である解釈が可能なこともあるようです。

否定辞は（87a）の尺度関係を逆にする働きがあり，グライスの格率に従えば John didn't invite Andrew and Ben to the party. はすでに含意されているので，これによる推意がなくなるということになります。同様に，every NP（関係節 …）VP という構造における関係節の中でも尺度関係が逆になりますので，尺度推意が消えているように感じられます。[19]

(93)　Every student who speaks French or German passed.
　　　（フランス語かドイツ語が話せた学生は全員，試験に通りました）

ここでも，Every student who speaks French and German passed. は含意されていますので，これによる尺度推意がないということになります。

　尺度推意には，こういうものがあるという事例を知っておくだけでも教育の場では便利になるかと思われます。なお，この手の尺度推意をどのように分析するかについては，ここで紹介したような語用論的なアプローチ（特にグライス流の分析の方法を受け継いでいるもの）として Sauerland (2004)，Russell (2006)，Geurts and Pouscoulous (2009)，Horn (2006) などがあり，文法的なアプローチ（特に統辞と意味の相互作用）を採用しているものとして，Chierchia (2004)，Fox (2007)，Magri (2009, 2011)，Chierchia et al. (2012)，Chierchia (2013)，Gajewski and Sharvit (2012) などがあるので，言語研究に興味のある人は参考にしてみてください。

---

[19] 否定文や (93) のような every がついた名詞を修飾する関係節内は否定極性項目が使用される環境だったのを思い出してください（5.4 節参照）。同様に if 節でも尺度推意が消えたような解釈が得られるように思えます。
　　(i)　If he speaks French or German, we'll hire him.
　　　　（彼がフランス語かドイツ語を話すのなら，彼を雇いましょう）
しかし，実際に if 節の中で尺度推意がないのかどうかに関しては疑問点も指摘されています（Spector (2013)）。

あ と が き

　外国語学習とダイエットは似ています。どちらも，達成できる方法は明らかなのに，その方法が選択されることが稀なところです。消費カロリーが摂取カロリーを上回る生活をしていればダイエットに成功できますが，そうする人はほとんどいません。特に，「食べて痩せる」方法の人気は凄まじく，寒天や黒酢，バナナや納豆にサバ缶などが品切れになるニュースもありました。また，巻くだけダイエットや耳つぼダイエットといった流行もありました。こういったお手軽ダイエット方法は，ダイエットをするという行為を楽しんだり，ダイエットをしている気分を味わうことで精神的余裕を感じることはできるかもしれませんが，これだけでは実質的な効果はあまり期待できないでしょう。本気なら，ボクシングジムに入門するのが間違いありません。『あしたのジョー』や『はじめの一歩』の追体験をすると，本気のダイエットに成功することができるでしょう。

　英語学習についても同じことで，語学はできるまでとことん勉強するしかありません。人類の歴史や現在の世界を見渡しても複言語社会のほうが多いですから，人間は基本的に複数の言語が使えるように生まれてくる人がほとんどです。外国語習得に適性がないごく少数の人以外は，できるまで勉強すればある程度使うことができるようになります。ただし，やみくもに勉強するよりは，文法という知識体系を利用して練習を繰り返すほうが圧倒的に効率的です。文法というのはとかく嫌われがちで，英語塾や英会話教室の多くで「英文法という退屈な，無味乾燥な …」，「英文法を知らなくても …」という宣伝文句がイヤでも目に入ってきます。また，中学や高校の教育現場においても，英文法を教えないことが多くなってきました。たとえば，「主語とは何かを教えるな」という教育をしている学校もいくつか知っています。英語学習において英文法の存在意

義を否定する人たちは，よく「ネイティブが習うように習えばよい」と主張しています。しかし，母語と外国語の習得過程は同じではありませんし，幼児はけっこう頑張って母語を習得しようとしています。went を goed と言ってみたり，父親以外の成人男性を dad と呼んでみたり（もし事実なら家庭が修羅場になっちゃいますが），音位転換や舌っ足らずの話し方を好ましいと笑われたり，彼らは日々精進しながら母語を身につけていくのです。母語の刺激は起きている間（夢を見ていれば寝ている間も）ずっと入ってきますから，単純に1日に10時間英語を使っているとすると，1年だけで3650時間のインプットがあることになります。それと同じ時間を外国語学習に割くことは物理的に不可能です。計算してみましょう。学校の英語の時間が2017，2018年に改訂された学習指導要領に基づけば，小学校の4年間で157時間30分，中学校で350時間，高校ではカリキュラムにもよりますが英語コミュニケーションI，II，III，論理・表現I，II，IIIすべてを履修したとすると490時間50分になります。これに加えて，授業時間と同じだけの時間を予習・復習で勉強したと見積もっても，10年間でおよそ2000時間しかインプットが入ってこないという計算になります。ですから，「英語なんて簡単さ，ネイティブが習うようにやればいいんだよ」という方針でむやみに英語の海に飛び込ませられるよりは，be動詞と一般動詞の使い方には違いがあり，否定文や疑問文の作り方が違うとか，助動詞の can がついた場合の否定文や疑問文の作り方は be動詞に準ずるなどといった規則を理解した上で，十分な練習を積んだほうがその後の英語学習で苦労しなくてすみます。少なくとも，現行のカリキュラムのように中学校1年生の最初の2週間程度でサラッと流せる話ではないでしょう。本文でも触れましたが，一般動詞の否定文や疑問文で使用される迂言的 do が出現したのは近代英語以降のことであり，たくさんの用例に触れただけで一般動詞や助動詞の特性に気づくのは非常に困難です。ですから，多量のインプットに触れる前に文法的なまとめを理解したほうが，圧倒的に効

果的です。英文法とは人類の英知で，それを身につければ攻撃力が格段にアップする強力なアイテムなのです。ドラゴンクエストでいえばはがねのつるぎ，三国志でいえば諸葛亮孔明が配下に入るようなものです。ないしは，大空翼がドライブシュート，キン肉マンが筋肉バスター，聖闘士星矢がペガサス流星拳，ケンシロウが北斗神拳，孫悟空がかめはめ波，空条承太郎がスタープラチナ，浦飯幽助が霊丸，エドワード・エルリックが錬金術を身につけるのと同じです。何も考えずに英語のシャワーに晒されているだけでは，英語を身につけることはできません。確かに，世の中には言語習得の天才とでも形容すべき人たちがいて，文法も理屈も意識せずサバイバルを生き残って外国語を身につけてしまう人もいます。しかし，それは数ある修羅場をくぐり抜けてきた天下の大将軍のようなもので，見えない部分では他に屍が累々と積み重なっているのです。生存者の報告だけを聞くのは，典型的なサンプルの偏りです。個人的な体験や成功談など，しょせんは例の一つです。教育政策においては何の意味もありません。大切な兵士を戦場に行かせねばならない場合，適切な装備と豊富な兵站を用意するのが司令官の仕事であるのと同じく，適切な知識を効果的な方法で提供するのが教育者の役割です。戦略なしで玉砕覚悟の突撃を命ずる司令官が有害なのと同じく，装備もなしで無責任に英語のシャワーにぶち込もうとする人は教育者失格です。

　というわけで，とかく嫌われがちで，英語教育の癌とすら言われることもある英文法ですが，つきつめてみるとなかなかおもしろいものです。筆者は一応，言語研究を生業にしていますから，そういう嫌われ者の文法の研究をしていると「変わり者，変」と見なされることも多いです。しかし，昔からそう言われても蔑まれているどころか褒められているのではないかと思ってしまう天邪鬼な性分の自分としては，「人にできないことができるのは凄い！」，「文法研究はおもしろい！」と声を大にして言いたいところです。世の中にはこの手の変わり者が一定数いるようで，大学で言語学の講義をす

ると意外と全国的には受講者数が多い傾向にあったり，『ゆる言語学ラジオ』という YouTube / Podcast も人気があります。チョムスキーもまだまだ現役ですし，生成文法の知名度もかなりあるようです。しかしながら，理論言語学の実態は英語教育の関係者の間でもそれほど浸透しているわけではなく，重箱の隅，蛸壺の中，密教の教義のようなものと思われている節があるような気がします。

　理論言語学で使用されている記述文法と外国語教育で使用されている教育文法は，そもそもの目的が違いますから，ある程度のズレが生まれるのは仕方がないのかもしれません。しかし，教育文法の基盤は実際の言語現象の観察と分析を通して生まれてくる記述文法の発展に依るところが大きいのも事実です。ですから，理論言語学の成果を広めることによって，英語教育に貢献することは可能なのではないかと思っています。理論言語学と英語教育の橋渡しをしたいという思いは，『橋渡し英文法』毛利可信著（大修館書店）の影響を少なからず受けています。毛利先生は，大阪大学時代の恩師の一人である河上誓作先生の恩師でもあり，自分はちょうど孫弟子に当たります。自分が学部学生だった時分，毛利先生は最晩年であり，残念ながら同窓会でも直接話をする機会には恵まれませんでしたが，河上先生を通してその人柄や教育方針を伺う機会が何度かありました。身の程をわきまえていないのは重々承知の上ですが，本書は『橋渡し英文法』の続編になることを（少しだけ）目指しています。また，本書の記述に当たっては，大阪大学時代のもう一人の恩師である大庭幸男先生と，当時，非常勤講師として手ほどきくださった岡田禎之先生の研究も大いに参考になりました。キルケゴールの Life can be understood backwards. という有名な格言がありますが，20 年経ってその成果が活かされたことになります。もちろん，言語研究者として独り立ちすることを可能にする最高の環境を与えてくれたワシントン大学，ヨーク大学の関係者にも感謝します。なお，本書の研究の一部は，科学研究費補助金（18K12385 / 20H05018）の助成を受けています。

　本書の草稿のすべて，ないしは一部には，杏林大学の倉林秀男先生，大阪星光学院中学・高等学校の石原健志先生，愛知県立大学の水谷謙太先生，名古屋外国語大学の Trevor Astley 先生，同じく名古屋外国語大学の田地野彰先生にお目通しいただき，それぞれの立場から非常に貴重なコメントを多数いただきました。また，編集の川田賢氏は温かく，非常に細やかに作業いただき，おかげで楽しく仕事をすることができ，よい経験を積むことができました。もちろん，本書に不明確な点や誤解などがあれば，それはすべて筆者一人の責任です。既に自分でもいくつか気づいていますが，至らぬ点がたくさんあります。少しずつ改善していけるよう精進していきます。もし本書が興味深く，英語，ひいては言語が持つシステムの豊かさと美しさを感じるきっかけになったとすれば，それは多数の言語研究者による貢献の賜物です。

　最後になりましたが，いつも人生に笑いと潤いをもたらしてくれる家族には感謝しています。日々目を見張るような成長を見せてくれている子供たちが，いつか本書に目を通す日は来るでしょうか。言語研究を専門にする必要はまったくありませんが，いつか少しだけでも楽しんでもらえることがあればいいなと密かに願っています。村上春樹さんによれば，スパゲティ小説というのはスパゲティをゆでながらもつい手に取ってしまう小説のことをいうのだそうです（『村上朝日堂の逆襲』）。子供たちは，私のオリジナルスパゲティ（たくさんある）を信じられない勢いでいつもモリモリ食べてくれるのですけれど，彼らのスパゲティ本になればいいですね。あ，でも，スパゲティはナポリタンを除いては，ゆでたてをすぐに処理しないといけないので，作りながら読むのはやはり難しいですね。ゆでたてのおいしいアルデンテのパスタ料理も，これから一緒にたくさん作っていきたいと思っています。

　2023 年 1 月　子供たちが寝静まった後，息を潜めながら

川原　功司

参 考 文 献

Aarts, Bas（2011）*Oxford Modern English Grammar*, Oxford University Press, Oxford.

Adger, David（2006）"Combinatorial Variation," *Journal of Linguistics* 42, 503–530.

安藤貞雄（2005）『現代英文法講義』開拓社，東京．

Barker, Chris（2005）"Possessive Weak Definites," *Possessives Beyond: Semantics and Syntax*, ed. by Jiyung Kim, Lander Yury and Barbara Partee, 89–113, GLSA Publications, Amherst, MA.

Berman, Stephen（1987）"Situation-Based Semantics for Adverbs of Quantification," *University of Massachusetts Occasional Papers, vol. 12*, ed. by Jim Blevins and Ann Vainikka, 8–23, University of Massachusetts at Amherst.

Bock, Kathryn, Anne Cutler, Kathleen M. Eberhard, Sally Butterfield, J. Cooper Cutting and Karin R. Humphreys（2006）"Number Agreement in British and American English: Disagreeing to Agree Collectively," *Language* 82(1), 64–113.

Bolinger, Dwight（1972）*Degree Words*, Mouton, The Hague and Paris.

Büring, Daniel（2007）"Cross-Polar Nomalies," *Semantics and Linguistic Theory* 17, 37–52.

Carlson, Gregory N.（1977）*Reference to Kinds in English*, Doctoral dissertation, University of Massachusetts, Amherst.

Carlson, Gregory N. and Francis Jeffry Pelletier（1995）*The Generic Book*, University of Chicago Press, Chicago.

Chierchia, Gennaro（1998）"Reference to Kinds across Languages," *Natural Language Semantics* 6(4), 339–405.

Chierchia, Gennaro（2004）"Scalar Implicatures, Polarity Phenomena, and the Synax/Pragmatics Interface," *Structures and Beyond: The Cartography of Syntactic Structures*, Vol. 3, ed. by Adriana Belletti, 39–103, Oxford University Press, Oxford.

Chierchia, Gennaro (2010) "Mass Nouns, Vagueness and Semantic Variation," *Synthese* 174, 99–149.

Chierchia, Gennaro (2013) *Logic in Grammar*, Oxford University Press, Oxford.

Chierchia, Gennaro, Danny Fox and Benjamin Spector (2012) "Scalar Implicature as a Grammatical Phenomenon," *Semantics: An International Handbook of Natural Language Meaning*, ed. by Maienborn von Heusinger and Paul Portner, 2297–2331, Mouton de Gruyter.

Chomsky, Noam (1957) *Syntactic structures*, Mouton, The Hague.

Chomsky, Noam (1977) "On Wh-movement," *Formal Syntax*, ed. by P. Culicover, T. Wasow and A. Akmajian, 71–132, Academic Press, New York.

チョムスキー, ノーム, 福井直樹 (編訳) (2012)『チョムスキー言語基礎論集』岩波書店, 東京.

Collins, Chris and Paul M. Postal (2014) *Classical NEG Raising: An Essay of the Syntax of Negation*, MIT Press, Cambridge, MA.

Comrie, Bernard (1976) *Aspect*, Cambridge University Press, Cambridge.

Corbett, Greville G. (2006) *Agreement*, Cambridge University Press, Cambridge.

Crystal, David (2018) *The Cambridge Encyclopaedia of the English Language*, Cambridge University Press, Cambridge.

Dayal, Veneeta (1998) "ANY as Inherently Modal," *Linguistics and Philosophy* 21, 433–476.

Diesing, Molly (1992) "Bare Plural Subjects and the Derivation of Logical Representations," *Linguistic Inquiry* 23(3), 353–380.

Dowty, David R. (1979) *Word Meaning and Montague Grammar*, Vol. 7, Kluwer, Dordrecht.

江川泰一郎 (1991)『英文法解説』金子書房, 東京.

江利川春雄 (2022)『英語教育論争史』講談社選書メチエ, 東京.

von Fintel, Kai (1994) *Restrictions on Quantifier Domains*, Doctoral dissertation, University of Massachusetts, Amherst.

Fox, Danny (2007) "Free Choice and the Theory of Scalar Implicatures," *Presupposition and Implicature in Compositional Semantics*, ed. by Uli Sauerland and Penka Stateva, 71–112, Palgrave Macmillan, London.

福井直樹（2012）『新・自然科学としての言語学――生成文法とは何か』（ち
くま学芸文庫），筑摩書房，東京.

Gajewski, Jon (2007) "Neg-Raising and Polarity," *Linguistics and Philosophy* 30, 298-328.

Gajewski, Jon and Yael Sharvit (2012) "In Defense of the Grammatical Approach to Local Implicatures," *Natural Language Semantics* 20, 31-57.

Geurts, Bart and Rick Nouwen (2007) "At Least et al.: The Semantics of Scalar Modifiers," *Language* 83, 533-559.

Geurts, Bart and Nausicaa Pouscoulous (2009) "Embedded Implicatures?!?" *Semantics & Pragmatics* 2, 1-34.

Ghomeshi, Jila, Ray Jackendoff, Nicole Rossen and Kevin Russell (2004) "Contrastive Focus Reduplication in English (The Salad-Salad Paper)," *Natural Language and Linguistic Theory* 22, 307-357.

Giannakidou, Anastasia (1999) "Affective Dependencies," *Linguistics and Philosophy* 22(4), 367-421.

Ginnakidou, Anastasia (2001) "The Meaning of Free Choice," *Linguistics and Philosophy* 24, 659-735.

Givon, Talmy (1993) *English Grammar*, John Benjamins, Amsterdam.

Goldberg, Adele E. (1995) *Constructions: A Construction Grammar Approach to Argument Structure*, University of Chicago Press, Chicago.

Goldberg, Adele E. (2019) *Explain Me This: Creativity, Competition, and the Partial Productivity of Constructions*, Princeton University Press, Princeton, NJ.

Gutzmann, Daniel (2019) *The Grammar of Expressivity*, Oxford University Press, Oxford.

Haddican, William and Anders Holmberg (2012) "Object Movement Symmetries in British English Dialects: Experimental Evidence for a Mixed Case/Locality Approach," *Journal of Comparative Germanic Linguistics* 15, 189-212.

Heim, Irene (1982) *The Semantics of Definite and Indefinite Noun Phrases*, Doctoral dissertation, University of Massachusetts at Amherst.

Hejná, Míša and George Walkden (2022) *A History of English*, Language

Science Press, Berlin.

Henry, Alison (1995) *Belfast English and Standard English*, Oxford University Press, Oxford.

Heycock, Caroline (1995) "The Internal Structure of Small Clauses: New Evidence from Inversion," *Proceedings of the North East Linguistic Society 25*, ed. by Jill Beckman, 223-238, Graduate Linguistic Student Association, University of Pennsylvania.

Heycock, Caroline (2012) "Specification, Equation, and Agreement in Copular Sentences," *Canadian Journal of Linguistics* 57, 209-240.

Holmberg, Anders, Michelle Sheehan and Jenneke van der Wal (2019) "Movement from the Double Object Constructions Is Not Fully Symmetrical," *Linguistic Inquiry* 50, 677-722.

Homer, Vincent (2015) "Neg-Raising and Positive Polarity: The View from Modals," *Semantics & Pragmatics* 4, 1-88.

Horn, Laurence (1989) *A Natural History of Negation*, University of Chicago Press, Chicago.

Horn, Laurence (2006) "The Border Wars: A Neo-Gricean Perspective," *Where Semantics Meets Pragmatics: The Michigan Papers*, ed. by Klaus von Heusinger and Ken P. Turner, 21-48, Elsevier, Amsterdam.

Hornstein, Norbert (1999) "Movement and Control," *Linguistic Inquiry* 30(1), 69-96.

細江逸記 (1917)『英文法汎論』泰文堂，東京．

Huddleston, Rodney and Geoffrey Pullum (2002) *The Cambridge Grammar of the English Language*, Cambridge University Press, Cambridge.

Huddleston, Rodney, Geoffrey K. Pullum and Brett Reynolds (2021) *A Student's Introduction to English Grammar*, Cambridge University Press, Cambridge.

Iatridou, Sabine, Elena Anagnostopoulou and Roumyana Izvorski (2003) "Observations about the Form and Meaning of the Perfect," *Perfect Explorations*, ed. by Artemis Alexiadou, Monika Rathert and Arnim von Stechow, 153-204, De Gruyter Mouton. DOI: doi:10.1515/9783110902358.153.

池上嘉彦 (1981)『「する」と「なる」の言語学——言語と文化のタイポロジー

への試論』大修館書店，東京.

今井むつみ (2010)『ことばと思考』岩波書店，東京.

伊藤裕道 (1999)「現在分詞と動名詞 (-ing form) 文法事項の史的検討」『日本英語教育史研究』，第 14 巻，67-104.

和泉悠 (2022)『悪い言語哲学入門』(ちくま新書)，筑摩書房，東京.

Jackendoff, Ray (1983) *Semantics and Cognition*, MIT Press, Cambridge, MA.

イェスペルセン，オットー，安藤貞雄 (訳) (2006)『文法の原理 (上)(中)(下)』岩波文庫，東京.

影山太郎 (1993)『文法と語形成』ひつじ書房，東京.

影山太郎 (2001)『日英対照 動詞の意味と構文』大修館書店，東京.

影山太郎・由本陽子 (1997)『語形成と概念構造』研究社，東京.

Kamp, Hans (1981) "A Theory of Truth and Semantic Representation," *Formal Methods in the Study of Language*, ed. by J. Groenendijk, 277-322, Mathematical Center, Amsterdam.

川原功司 (2019)『英語の諸相 (音声・歴史・現在)：英語コアカリキュラム対応』，名古屋外国語大学出版会，名古屋.

川原功司 (2021)「5 文型と「意味順」『明日の授業に活かす「意味順」英語指導——理論的背景と授業実践』，田地野彰 (編)，63-85，ひつじ書房，東京.

Kennedy, Christopher (2001) "Polar Opposition and the Ontology of 'Degrees'," *Linguistics and Philosophy* 24, 33-70.

Kennedy, Christopher (2002) "Comparative Deletion and Optimality in Syntax," *Natural Language and Linguistic Theory* 20(3), 553-621.

Kennedy, Christopher and Beth Levin (2008) "Measure of Change: The Adjectival Core of Degree Achievements," *Adjectives and Adverbs: Syntax, Semantics and Discourse*, ed. by Christopher Kennedy and Louisa McNally, 156-182, Oxford University Press, Oxford.

金水敏・今仁生美 (2000)『意味と文脈』岩波書店，東京.

岸本秀樹 (2005)『統語構造と文法関係』くろしお出版，東京.

Kitagawa, Yoshihisa (1985) "Small but Clausal," *CLS* 21, 210-220.

Klein, Wolfgang (1994) *Time in Language*, Routledge, London.

Kratzer, Angelika (1995) "Stage-level and Individual-level Predicates," *The Generic Book*, ed. by Gregory N. Carlson and Francis Jeffry Pelletier, 125–175, University of Chicago Press, Chicago.

Krifka, Manfred (1989) "Nominal Reference, Temporal Constitution and Quantification in Event Semantics," *Semantics and Contextual Expression*, ed. by R. Bartsch, J. van Benthem and P. van Emde Boas, 75–115, Foris, Dordrecht.

Krifka, Manfred (1992) "Thematic Relations as Links between Nominal Reference and Temporal Constitution," *Lexical Matters*, ed. by Ivan Sag and Anna Szabolsci, 29–54, CSLI Publications, Stanford.

Krifka, Manfred (1998) "The Origins of Telicity," *Events and Grammar*, ed. by Susan Rothstein, 197–235, Kluwer, Dordrecht.

Krifka, Manfred, Francis Jeffrey Pelletier, Greg N. Carlson, Alice ter Meulen, Gennaro Chierchia and Godehard Link (1995) *The Generic Book*, University of Chicago Press, Chicago.

久野暲・高見健一 (2005)『謎解きの英文法　文の意味』くろしお出版，東京．

Kuroda, Shige-Yuki (1965) *Generative Grammatical Studies in the Japanese Language*, Doctoral dissertation, MIT.

Ladusaw, William A. (1979) *Polarity Sensitivity as Inherent Scope Relations*, Doctoral dissertation, University of Texas at Austin.

Lahiri, Utpal (2002) *Questions and Answers in Embedded Contexts*, Oxford University Press, Oxford.

Landau, Idan (2013) *Control in Generative Grammar: A Research Companion*, Cambridge University Press, Cambridge.

Lechner, Winfried (2004) *Ellipsis in Comparatives*, Mouton de Gruyter, Berlin.

Leech, Geoffrey and Jan Svartvik (2002) *A Communicative Grammar of English*, Routledge, London.

Levin, Beth (2009) "Lexical Semantics of Verbs IV," Course LSA 116.

Levin, Beth and Malka Rappaport Hovav (1995) *Unaccusativity*, MIT Press, Cambridge, MA.

Magri, Giorgio (2009) "A Theory of Individual-Level Predicates Based on Blind Mandatory Scalar Implicatures," *Natural Language Semantics* 17, 245–297.

Mari, Giorgio (2011) "Another Argument for Embedded Scalar Implicatures Based on Oddness in Downward Entailing Environments," *Semantics and Pragmatics* 4(6), 1–51. DOI: 10.3765/sp.4.6.

McCloskey, James (2006) "Questions and Questioning in a Local English," *Crosslinguistic Research in Syntax and Semantics: Negation, Tense and Clausal Architecture*, ed. by Rafaella Zanuttini, Héctor Campos, Elena Herburger and Paul H. Portner, 87–126, Georgetown University Press, Washington, D.C.

Meer, Philipp, Robert Fuchs, Anika Gerfer, Ulrike Gut and Zeyu Li (2021) "Rhotics in Standard Scottish English," *English World-Wide* 42, 121–144.

Meier, Cécile (2021) "Definiteness: "Gagarin was the first human to travel to space"," *The Wiley Blackwell Companion to Semantics*, Vol. I, ed. by Daniel Gutzmann, Lisa Matthewson, Cécile Meier, Hotze Rullmann and Thomas Ede Zimmermann, 547–588, Wiley-Blackwell, Hoboken.

Mikkelsen, Line (2005) *Copular Clauses*, John Benjamins, Amsterdam.

Milsark, Gary L. (1974) *Existential Sentences in English*, Doctoral dissertation, MIT.

Milsark, Gary (1977) "Peculiarities of the Existential Constructions in English," *Linguistic Analysis* 3, 1–29.

宮脇正孝 (2012)「5 文型の源流を遡る ── C. T. Onions, An Advanced English Syntax (1904) を越えて」『専修人文論集』, 第 90 巻, 437–465.

Mondorf, Britta (2003) "Support for More-Support," *Dterminants of Grammatical Variation in English*, ed. by G. Rohdenburg and B. Mondorf, 251–304, Mouton de Gruyter, Berlin.

Moro, Andrea (2017) "Copular Sentences," *The Wiley Blackwell Companion to Syntax*, 2nd ed., Vol. 2, ed. by Martin Everaert and Henk van Riemsdijk, 1210–1232, Blackwell, Hoboken, NJ.

Morzycki, Marcin (2011) "Metalinguistic Comparison in an Alternative Semantics for Imprecision," *Natural Language Semantics* 19, 39–86.

Morzycki, Marcin (2012) "Adjectival Extremeness: Degree Modification and Contextually Restricted Scales," *Natural Language and Linguistic Theory* 30, 567–609.

Munn, Alan and Cristina Schmitt (2021) "Bare Singulars," *The Wiley*

Blackwell Companion to Semantics, ed. by Daniel Gutzmann, Lisa Matthewson, Cécile Meier, Hotze Rullmann and Thomas E. Zimmerman, 143–176, Wiley Blackwell, Hoboken.

Murphy, Lynne (2018) *The Prodigal Tongue: The Love-Hate Relationship between British and American English*, Penguin Books, London.

Nakajima, Heizo (2006) "Adverbial Cognate Objects," *Linguistic Inquiry* 37, 674–684.

中尾俊夫・児馬修 (1990) 『歴史的にさぐる現代の英文法』大修館書店, 東京.

Nouwen, Rick (2008) "Upperbounded No More: The Exhaustive Interpretation of Non-Strict Comparison," *Natural Language Semantics* 16, 271–295.

大庭幸男 (2011) 『英語構文を探求する』開拓社, 東京.

荻原俊幸 (2016) 『「もの」の意味, 「時間」の意味』くろしお出版, 東京.

Onions, C. T. (1904) *An Advanced English Syntax: Based on the Principles and Requirements of Grammatical Society*, Sonnenschein, London.

Pancheva, Roumyana (2003) "The Aspectual Makeup of Perfect Participles and the Interpretations of the Perfect," *Perfect Explorations*, ed. by Artemis Alexiadou, Monika Rathert and Arnim von Stechow, 277–306, De Gruyter Mouton. DOI: doi:10.1515/9783110902358.277.

Perlmutter, David and Paul Postal (1984) "The 1-Advancement Exclusiveness Law," *Studies in Relational Grammar, volume 2*, ed. by David Perlmutter and Carol Rosen, University of Chicago Press, Chicago.

ポートナー, ポール, 片岡宏仁 (訳) (2015) 『意味ってなに?：形式意味論入門』勁草書房, 東京.

Potts, Christopher (2005) *The Logic of Conventional Implicatures*, Oxford University Press, Oxford.

Quirk, Randolph, Sidney Greenbaum, Geoffrey Leech and Jan Svartvik (1985) *A Comprehensive Grammar of the English Language*, Longman, London.

Radford, Andrew (2009) *Analysing English Sentences: A Minimalist Approach*, Cambridge University Press, Cambridge.

Rappaport Hovav, Malka and Beth Levin (2008) "The English Dative Alternation: The Case for Verb Sensitivity," *Journal of Linguistics* 44, 129–167.

Rando, Emily and Donna Jo Napoli (1978) "Definites in There-Sentences," *Language* 54, 300–313.

Reinhart, Tanya (1976) *The Syntactic Domain of Anaphora*, Doctoral dissertation, MIT.

Rothstein, Susan (2004) *Structuring Events: A Study in the Semantics of Lexical Aspect*, Wiley-Blackwell, Malden.

Rothstein, Susan (2017) *Semantics for Counting and Measuring*, Cambridge University Press, Cambridge.

Russell, Benjamin (2006) "Against Grammatical Computation of Scalar Implicatures," *Journal of Semantics* 23(4), 361–382.

斎藤浩一 (2022)『日本の「英文法」ができるまで』研究社，東京.

Sauerland, Uli (2004) "Scalar Implicatures in Complex Sentences," *Linguistics and Philosophy* 27(3), 367–391.

澤田治・岸本秀樹・今仁生美 (編) (2019)『極性表現の構造・意味・機能』開拓社，東京.

Smith, Carlota (1997) *The Parameter of Aspect*, Kluwer, Dordrecht.

Spector, Benjamin (2013) "Bare Numerals and Scalar Implicatures," *Language and Linguistic Compass* 7(5), 273–294.

Stowell, Timothy (1981) *Origins of Phrase Structure*, Doctoral dissertation, MIT.

Svartvik, Jan and Geoffrey Leech (2016) *English — One Tongue, Many Voices*, Palgrave Macmillan, London.

田地野彰 (2011)『〈意味順〉英作文のすすめ』(岩波ジュニア新書)，岩波書店，東京.

Tajino, Akira (2018) *A New Approach to English Pedagogical Grammar: The Order of Meanings*, Routledge, London.

田地野彰 (編) (2021)『明日の授業に活かす「意味順」英語指導 — 理論的背景と授業実践』ひつじ書房，東京.

田中拓郎 (2016)『形式意味論入門』開拓社，東京.

Tenny, Carol (1987) *Grammaticalizing Aspects and Affectedness*, Doctoral dissertation, MIT.

Ura, Hiroyuki (2000) *Checking Theory and Grammatical Functions in Universal Grammar*, Oxford University Press, Oxford.

Wierzbicka, Anna (1988) *The Semantics of Grammar*, John Benjamins, Amsterdam.

Williams, Edwin (1983) "Against Small Clauses," *Linguistic Inquiry* 14 (1), 287–308.

Woods, Rebecca (2016) *Representing the Addressee: Discourse Participants at the Syntax-Pragmatics Interface*, Doctoral dissertation, University of York.

安井稔 (1996)『英文法総覧』(改訂版), 開拓社, 東京.

吉本啓・中村裕昭 (2016)『現代意味論入門』くろしお出版, 東京.

Zwarts, Frans (1998) "Three Types of Polarity," *Plurality and Quantification*, ed. by F. Hamm and E. Hinrichs, 177–238, Kluwer, Dordrecht.

索　引

1.　五十音順に，英語（で始まるもの）も日本語読みして並べた。
2.　数字はページ数を表す。n は脚注を表す。

238

川原　功司　（かわはら　こうじ）

　1977 年徳島県阿南市生まれ。2002 年大阪大学文学部英米文学英語学専修修了。在学中に文部省（当時）短期留学推進制度で，米国ワシントン大学言語学科に留学。大阪大学大学院文学研究科博士前期課程を経て，2010 年英国ヨーク大学言語科学科了（PhD）。藤女子大学専任講師を経て，現在，名古屋外国語大学外国語学部教授。日本英文学会，日本英語学会編集委員を歴任。

　専門は，認知科学としての言語学・英語学。特に，回帰的統辞演算システムと概念・意図システムのインターフェイス研究を通して，ヒト型言語の特徴と他種の認知システムとの共通性について研究を進めている。最近では，言語の感情的意味，コミットメント的役割について，自閉スペクトラム症児と定型発達児の比較研究，神経科学的研究，人工知能研究，比較生物学的研究にも取り組んでいる。主な著書・共著・訳書に『言語の構造 ― 人間の言葉と動物のコトバ ―』（名古屋外国語大学出版会），『明日の授業に活かす「意味順」英語指導』（ひつじ書房），『形態論と語形成』（開拓社）などがある。

英文法の教え方
　― 英語教育と理論言語学の橋渡し ―

<開拓社
言語・文化選書 98>

2023 年 3 月 31 日　　第 1 版第 1 刷発行

著作者　　川 原 功 司
発行者　　武 村 哲 司
印刷所　　日之出印刷株式会社

発行所　　株式会社　開 拓 社

〒112-0013 東京都文京区音羽 1-22-16
電話　（03）5395-7101（代表）
振替　00160-8-39587
http://www.kaitakusha.co.jp